Финансирование перехода Узбекистана к «зеленой» экономике

РАЗВИТИЕ РЫНКА КАПИТАЛА И ВОЗМОЖНОСТИ ДЛЯ ВЫПУСКА «ЗЕЛЕНЫХ» ОБЛИГАЦИЙ

ОЭСР
ЛУЧШАЯ ПОЛИТИКА ДЛЯ ЛУЧШЕЙ ЖИЗНИ

Данная работа публикуется под ответственность Генерального Секретаря ОЭСР. Высказанные мнения и аргументы, приведенные в настоящем документе, не обязательно отражают официальные взгляды стран – членов ОЭСР.

Настоящий документ и любые содержащиеся в нем данные и карты носят непредвзятый характер в отношении статуса и суверенитета территорий, определения государственных границ и разделительных линий, а также наименований территорий, городов и областей.

При цитировании просьба ссылаться на настоящую публикацию:
OECD (2024), *Финансирование перехода Узбекистана к «зеленой» экономике: Развитие рынка капитала и возможности для выпуска «зеленых» облигаций*, OECD Publishing, Paris, https://doi.org/10.1787/62ea4f13-ru.

ISBN 978-92-64-88269-0 (Печатное издание)
ISBN 978-92-64-56140-3 (PDF)

Первоначальное название: OECD (2023), *Financing Uzbekistan's Green Transition*, Green Finance and Investment, OECD Publishing, Paris, https://doi.org/10.1787/27d2489d-en.

Сведения об авторах фотографий: Обложка © Evgeniy Agarkov/shutterstock.com.

Исправления в публикациях ОЭСР можно найти по адресу: www.oecd.org/about/publishing/corrigenda.htm.

Введение

Как и во многих странах, масштабы «зеленого» перехода Узбекистана требуют значительного увеличения частного финансирования для устранения существующего разрыва расходов. Однако по сравнению с другими странами огромная роль государства в экономике Узбекистана и его недостаточно развитый внутренний рынок капитала являются особенно серьезными ограничениями для мобилизации частного финансирования. С 2021 года Узбекистан сделал «зеленые» облигации одной из главных составляющих своей стратегии покрытия дефицита финансирования и мобилизации новых источников капитала для отечественных проектов «зеленой» инфраструктуры. В настоящем докладе приводится анализ рынка и институциональной структуры Узбекистана, реформ, которые привели к недавним выпускам как суверенных, так и корпоративных тематических облигаций, а также сохраняющихся барьеров для дальнейшего внедрения этого инструмента. В докладе рассматривается информация, имеющаяся по состоянию на октябрь 2023 года, хотя ввиду быстро меняющейся ситуации в Узбекистане она, возможно, не отражает некоторые изменения в условиях на рынке и дополнительные выпуски облигаций. В докладе также представлены рекомендации в области политики относительно институциональной структуры рынка, нормативной основы рынков заемного капитала Узбекистана и возникающих возможностей для дальнейшего использования «зеленых» облигаций, адресованные основным заинтересованным сторонам, в частности, разработчикам политики и участникам рынка. Доклад служит вкладом в растущее собрание работ ОЭСР по тематическим облигациям в странах с формирующимся рынком Восточной Европы, Кавказа и Центральной Азии (ВЕКЦА).

Ведущий автор доклада — г-н Дуглас Херрик под руководством г-жи Виржини Маршал и г-жи Нелли Петковой (все из Директората по вопросам окружающей среды ОЭСР), исходные исследования проводил г-н Станислав Дубко (внешний консультант). Г-жа Наталья Чумаченко перевела доклад на русский язык. Г-н Джонатан Райт и г-жа Суджин Чон (оба из Директората по вопросам окружающей среды ОЭСР) оказывали организационную поддержку в ходе ознакомительных миссий в целях доклада, а г-жа Риа Сэндилендс (Директорат по вопросам окружающей среды ОЭСР) подготовила доклад к публикации.

При подготовке доклада были проведены консультации с представителями государственных органов Узбекистана в ходе ознакомительных миссий ОЭСР в апреле 2023 года и июле 2022 года. Авторы доклада хотели бы поблагодарить г-на Фарруха Хамдамова, г-на Шахзода Исламова, г-на Аббоса Джурабаева, г-на Жавлона Хакимова, г-на Шерзода Мухамедова в Министерстве экономике и финансов; г-на Тенгиза Асанова, г-на Элёрбека Бурибаева и г-на Азиза Хамидова в Министерстве инвестиций, промышленности и торговли; г-на Салимжона Буриева, г-на Азизжона Калимбетова, г-жу Гульнару Ходжабекову и г-на Анвара Турсуналиева в Министерстве экологии, охраны окружающей среды и изменения климата; г-на Бекзода Асадова, г-на Сардора Хужакулова, г-на Умиджона Нарзуллаева и г-на Бахрома Умарбекова в Министерстве энергетики; г-на Алаутдина Арифханова, г-на Мирсаида Насирова и г-на Шахзодбека Махмудова в Центральном банке Узбекистана; г-на Азиза Гафурова и г-на Жахонгира Убайдуллаева в Агентстве стратегических реформ; г-на Бахтияра Абидова в хокимияте (городской администрации) города Ташкента. Кроме того, в докладе использована полезная информация неправительственных заинтересованных сторон, с которыми также были проведены консультации в ходе ознакомительных миссий ОЭСР, в частности, Республиканской фондовой биржи «Тошкент» (г-на Абдуазимоджи Абдужабборова, г-на Георга Паресишвили) и «Узпромстройбанка» (SQB) (г-на Азима Абдушукурова, г-на Бахтияра Ахманова, г-на Афзала Мусаханова, г-на Бобира Султонмуродова и г-на Дилшода Тургунова). Авторы также хотели бы поблагодарить представителей двусторонних и многосторонних партнеров по развитию, предоставивших данные в ходе консультаций в очном формате и в режиме онлайн, в частности, г-на Бегзода Джалилова, г-на Абхишека Хегде и г-на Адхама Кучкарова в Азиатском банке развития (АзБР); г-на Анвара Насритдинова в Европейском банке реконструкции и развития (ЕБРР); д-ра Каролину Милоу в *Deutsche Gesellschaft für Internationale Zusammenarbeit* (GIZ); г-на Хусана Хасанова в Исламском банке развития (ИБР); г-на Хиро Авазаки в Японском агентстве международного сотрудничества (JICA); г-на Камола Исламова, г-жу Диёру Кабулову и г-на Файзуллу Салахуддинова в Программе развития ООН (ПРООН); г-на Давита Бабасяна и г-на Себастьена Буатро во Всемирном банке.

Авторы также благодарны экспертам ОЭСР Валентине Беллези, Джейн Эллис и Роберту Янгмену (Директорат по вопросам окружающей среды), Алиссе Крюгер (Директорат по сотрудничеству в области развития) и Пелин Атамер (Директорат по глобальным связям и сотрудничеству) за комментарии к проекту доклада. Кроме того, при подготовке доклада были учтены комментарии Александра Визе (ПРООН), а также ИБР, банка SQB и Министерства экономики и финансов Узбекистана. Выводы доклада были представлены на первом заседании Рабочей группы по финансированию и инвестициям для достижения целей в области окружающей среды ОЭСР (РГФИЦОС) в сентябре 2023 года, и после их рассмотрения РГФИЦОС и Комитетом по экологической политике (КЭП) ОЭСР были сняты ограничения на их распространение.

Содержание

Введение 3

Сокращения и акронимы 6

Резюме для руководства 8

1 Оценка и рекомендации 11
1.1. Потенциал «зеленых» облигаций для перехода Узбекистана к «зеленой» экономике 12
1.2. Рекомендации по итогам оценки ОЭСР готовности Узбекистана к выпуску «зеленых» облигаций 14
Литература 18

2 Трудная задача достижения Узбекистаном нулевого чистого уровня выбросов. Макроэкономи-ческая и экологическая ситуация 19
2.1. Трудная задача перехода Узбекистана к «зеленой» экономике 20
2.2. Стратегии и приоритеты правительства 29
2.3. Потребности и дефицит инвестиций Узбекистана 34
Литература 36

3 Финансирование переходного процесса. Наличие капитала 41
3.1. Наличие капитала в Узбекистане 42
Литература 55

4 Структура и система регулирования финансового сектора Узбекистана 58
4.1. Финансовый сектор Узбекистана. Структура и субъекты 59
4.2. Институциональная, правовая и нормативная основа рынка капитала 64
Литература 68
Примечание 70

5 Состояние «зеленых» финансов в Узбекистане. Возможности и барьеры для выпуска «зеленых» облигаций 71
5.1. Роль «зеленых» облигаций и спрос на них в процессе перехода Узбекистана к «зеленой» экономике 73
5.2. Потенциальные виды эмиссий «зеленых» облигаций 76
5.3. Потенциальные секторы для финансирования за счет «зеленых» облигаций 83
Литература 84

Сокращения и акронимы

АзБР	Азиатский банк развития
АО	акционерное общество
АРРК	Агентство по развитию рынка капитала
АФД	Agence française de développement (Агентство Франции по развитию)
ВВП	валовой внутренний продукт
ВЕКЦА	Восточная Европа, Кавказ и Центральная Азия
ГВБ	Группа Всемирного банка
ГГИ	глобальное горизонтальное излучение
ГП	государственное предприятие
ГЦДС	глобальная цепочка добавленной стоимости
ГЭФ	Глобальный экологический фонд
ЕБРР	Европейский банк реконструкции и развития
ЗВС	заключение второй стороны
ЗКФ	Зеленый климатический фонд
ЗСУПУ	«зеленые», социальные, устойчивости и привязанные к устойчивости (облигации)
ИКРЧС	Исламская корпорация по развитию частного сектора
МБР	многосторонний банк развития
МВт	мегаватт
МВФ	Международный валютный фонд
МДж	мегаджоуль
МИЦА	Механизм инвестиций для Центральной Азии
МОКЦБ	Международная организация комиссий по ценным бумагам
МСП	малые и средние предприятия
МФЗЭ	Механизм финансирования «зеленой» экономики
МФО	международная финансовая организация
НБУ	Национальный банк Узбекистана
НПО	накопительное пенсионное обеспечение
ОНУВ	определяемый на национальном уровне вклад
ИОПОП	Инициатива «Один пояс, один путь»

ОППЭ	общее предложение первичной энергии
ОПР	официальная помощь в целях развития
ОФР	организация по финансированию в области развития
ПВА	первый выпуск акций
ПГ	парниковые газы
ПИИ	прямые иностранные инвестиции
ПОП	прочие официальные потоки
ПРООН	Программа развития Организации Объединенных Наций
РФБТ	Республиканская фондовая биржа «Тошкент»
СПЭ	соглашение о покупке электроэнергии
сукук	сопоставимый с облигацией инструмент с фиксированным доходом, соответствующий нормам шариата
ФАО	Продовольственная и сельскохозяйственная организация
ЦУР	цель в области устойчивого развития
ЭСУ	экология, социальная сфера и управление
BRB	«Кишлок курилиш банк»
FMO	Nederlandse Financierings-Maatschappij voor Ontwikkelingslanden (Банк развития Нидерландов)
SQB	«Узпромстройбанк»

Резюме для руководства

После десятилетий относительного бездействия на международных финансовых рынках Узбекистан стал их динамичным, хотя и малым участником, сделавшим «зеленое» финансирование одним из главных компонентов своей стратегии развития. После первой эмиссии облигации на международном рынке, состоявшейся в 2019 году, в короткие сроки были выпущены три тематические облигации: в 2021 году суверенная облигация устойчивости (называемая «облигацией целей в области устойчивого развития») и в 2023 году две «зеленые» облигации: одна — суверенная, одна — корпоративная. Благодаря этим достижениям Узбекистан зарекомендовал себя в качестве лидера в регионе Центральной Азии, где тематические облигации остаются новым финансовым инструментом.

Заинтересованность Узбекистана в «зеленых» облигациях обусловлена увеличивающимся разрывом между потребностями в инвестициях, особенно в устойчивую инфраструктуру, и фактическими расходами, которые в настоящее время производятся в значительной степени за счет государственного бюджета. Этот разрыв, по консервативным оценкам, составляющий 6 млрд долларов США в год, невозможно покрыть только за счет государственного финансирования, и поэтому правительство стремится мобилизовать как внутренний, так и иностранный частный капитал для инвестиций в проекты, способствующие достижению его целей в области окружающей среды и развития. В сфере окружающей среды Узбекистан сталкивается со значительными трудностями, связанными с преобразованием энергетики, которая функционирует почти исключительно на природном газе и является крупнейшим источником парниковых газов, с большим отрывом опережая по этому показателю другие секторы. Правительство взяло на себя обязательство к 2030 году сократить выбросы парниковых газов на 35 процентов на единицу валового внутреннего продукта по сравнению с уровнями 2010 года посредством ускоренной интеграции возобновляемых источников энергии в энергосистему и электрификации транспортных сетей. Узбекистану уже удалось сократить выбросы парниковых газов на единицу продукции приблизительно на 14 процентов, но он по-прежнему отклоняется от намеченного курса достижения цели до 2030 года.

Узбекистан также сталкивается с трудностями в том, что касается самих его финансовых рынков. В экономике, в частности, в банковском секторе, преобладает небольшое число государственных предприятий и банков, опирающихся на субсидируемую поддержку из государственного бюджета, а не на финансирование за счет займов. Внутри страны в Узбекистане отсутствуют институциональные инвесторы, функционирующие на рынках займов, а объемы трейдинговых операций остаются низкими. В том что касается инфраструктуры финансового рынка, операции распределены между двумя платформами, хотя продолжающиеся усилия призваны гармонизировать эти две платформы и упростить торговые операции. Первые эмиссии страны и акцент на тематических облигациях для направления капитала на устойчивые проекты являются важными вехами развития рынка заемного капитала Узбекистана, но в стране все еще существует значительный неиспользованный потенциал, который призвана изучить настоящая публикация.

В настоящей публикации представлена общая картина развития рынка капитала и деятельности по выпуску «зеленых» облигаций Узбекистана. После главы, в которой представлен краткий обзор, (глава 1) публикация сосредоточена на определении барьеров для дальнейшего прогресса, создаваемых стратегиями и программами развития страны, (глава 2), наличии капитала (глава 3), институциональной структуре и нормативной основе (главы 4 и 5). Ниже кратко изложены основные тезисы и рекомендации каждой главы.

Основные выводы

- Ввиду потенциала для производства электроэнергии из возобновляемых ресурсов, особенно из солнечной энергии, имеются значительные возможности для сокращения Узбекистаном выбросов ПГ в соответствии с его пересмотренным определяемым на национальном уровне вкладом (ОНУВ) путем быстрого увеличения доли возобновляемых источников энергии, а также повышения энергетической безопасности, совершенствования и экологизации инфраструктуры энергетики, сферы транспорта и других секторов.
- Узбекистан установил целевые показатели до 2030 года в том числе в отношении сокращения выбросоемкости экономики (–35 процентов по сравнению с уровнями 2010 года) и интеграции возобновляемых источников энергии (25 процентов общего предложения первичной энергии (ОППЭ)). Он также ставит задачу сокращения доли государства в национальной экономике и развития внутреннего рынка капитала. Однако в стратегиях Узбекистана отсутствует вызывающая доверие информация о калькуляции расходов и способах финансирования.
- Ввиду масштаба необходимых инвестиций (как минимум 6 млрд долларов США ежегодно) внутреннее государственное финансирование является недостаточным для достижения Узбекистаном ЦУР и его целей в области климата и развития.
- Последние крупномасштабные проекты производства электроэнергии из солнечной и ветровой энергии были реализованы за счет инвестиционного капитала. При том что на настоящий момент такие проекты финансируются за счет простых кредитов, а не «зеленых» кредитов или «зеленых» облигаций, долговые инструменты могут быть полезными для рефинансирования кредитов. Включение будущих аналогичных проектов, имеющих аналогичный охват, в выпуск «зеленых» облигаций представляется посильной задачей.
- Последние институциональные, правовые и регулятивные реформы, такие как Программа развития рынка капитала в 2021–2023 годах, обеспечили либерализацию финансового сектора Узбекистана, но он по-прежнему страдает от неэффективного содействия рыночному механизму, а также от ограниченного предложения ценных бумаг и спроса на них.
- Государственные банки Узбекистана, которые вскоре будут приватизированы, проявляют все больший интерес к «зеленым» облигациям как к способу повышения репутации внутри страны и на международном уровне, а также привлечения финансирования от институциональных инвесторов с полномочиями на увеличение объема инструментов, соответствующих требованиям экологической, социальной и управленческой ответственности (ЭСУ), в своих портфелях. В августе 2023 года «Узпромстройбанк» (SQB) выпустил первую корпоративную «зеленую» облигацию Узбекистана.
- В настоящее время в Узбекистане нет нормативной основы для исламского финансирования, но имеются признаки того, что существует значительный спрос на исламские финансовые продукты. «Зеленые» сукук — инструмент, подобный облигации, соответствующий нормам шариата, — может быть дополнительным инструментом финансирования как органов государственного управления, так и корпоративных структур.

Основные рекомендации

- Узбекистану следует разработать и принять комплексный целевой показатель нулевого чистого уровня выбросов по экономике в целом и сопровождающую его долгосрочную стратегию развития с низким уровнем выбросов.
- Узбекистану следует упростить непрозрачную фрагментированную нормативно-правовую основу, регулирующую финансовую систему, и принять единый закон о рынках капитала.
- Узбекистану следует принять скоординированную долгосрочную стратегию финансирования в области развития, продолжать профессиональное развитие пула квалифицированных национальных экспертов по рынку капитала и гармонизировать существующие в стране две платформы для торговли ценными бумагами.
- Узбекистану следует опираться на свой опыт, связанный с первыми двумя суверенными тематическими облигациями, используя перечни приоритетных инфраструктурных проектов отраслевых министерств.
- Узбекистану следует стремиться включить формирующуюся на международном уровне надлежащую практику в процессе уточнения недавно принятой национальной «зеленой» таксономии, которая поможет стандартизировать и оптимизировать отбор и оценку проектов.
- В настоящее время Бюджетный кодекс запрещает субнациональным органам государственного управления выпускать долговые инструменты. Ввиду большой доли расходов, производимых на субнациональном уровне, Узбекистану следует рассмотреть постепенную отмену этого ограничения, чтобы позволить отдельным субнациональным органам государственного управления, обладающим достаточным потенциалом, финансировать «зеленые» проекты посредством эмиссий «зеленых» облигаций.
- Правительству следует поощрять стремление банков находить возможности для развития потенциала и коллегиального обучения, особенно с участием аналогичных банков, имеющих опыт выпуска «зеленых» облигаций.
- Правительству следует создать необходимую нормативную основу и потенциал, чтобы сделать возможным выпуск «зеленых» сукук.

1 Оценка и рекомендации

В настоящей главе приводится обзор проблем в области экономики, окружающей среды и рынка капитала, с которыми сталкивается Узбекистан, и аргументов в пользу диверсификации источников финансирования перехода к «зеленой» экономике. Масштабы «зеленого» перехода Узбекистана требуют значительного увеличения частного финансирования для устранения существующего разрыва расходов. Огромная роль государства в экономике Узбекистана и недостаточно развитый внутренний рынок капитала являются серьезными ограничениями, в связи с которыми требуется диверсифицировать источники финансирования «зеленого» перехода. Три выпуска тематических облигаций в Узбекистане указывают на появление возможности использовать «зеленые» облигации для финансирования проектов, связанных с целями страны в области климата и развития, в то время как правительство прилагает дальнейшие усилия по содействию развитию рынка капитала. Хотя «зеленые» облигации не исключают риска и не являются панацеей, они обладают важными преимуществами, такими как заинтересованность международных инвесторов в проектах «зеленых» инвестиций и прозрачность, которой способствуют требования в отношении использования поступлений от «зеленых облигаций».

В экономике Узбекистана с 2017 года проводится либерализация быстрыми темпами и наблюдается активный устойчивый рост даже в условиях последних внешних шоков, в частности, пандемии COVID-19 и полномасштабного вторжения России в Украину в 2022 году. Реформы сосредоточены на либерализации цен и торговли, обеспечении открытости экономики для инициатив частного сектора, приватизации крупных государственных предприятий, реформировании энергетики (в частности, на разделении рынка электроэнергии и реформе тарифов) и рационализации политики налогообложения. Вместе с тем правительство признает, что существующая модель экономики, в которой энергоснабжение осуществляется за счет крупных, но сокращающихся запасов природного газа страны и преобладают государственные предприятия (ГП), не является устойчивой с экономической и экологической точек зрения. Поэтому переход на путь экономического развития, устойчивого к изменению климата, с низким уровнем выбросов в соответствии с целями в области устойчивого развития (ЦУР) и Парижским соглашением по изменению климата стал всеобъемлющей задачей в области политики. В последние годы аспекты перехода к «зеленой» экономике стали ключевыми составляющими основных документов по стратегическому планированию страны, в частности, Стратегии развития Нового Узбекистана на 2022–2026 годы и Стратегии по переходу на «зеленую» экономику на период 2019–2030 годов.

Для достижения этих целей требуется беспрецедентная мобилизация как государственных, так и частных ресурсов. Разрыв между финансированием, мобилизуемым в настоящее время, и необходимым финансированием огромен, следовательно, правительство должно стремиться открыть доступ к дополнительным частным финансовым потокам. Ввиду огромной роли, которую играет государство в экономике в общем и, в частности, в финансовой системе, главная задача Узбекистана для обеспечения возможности переходного процесса состоит в развитии более крупного, более ликвидного и более активного внутреннего рынка капитала.

В связи с этим правительству Узбекистана надлежит сыграть ключевую роль в определении необходимых правовых, нормативных и институциональных основ, которые обеспечат постепенный отказ отечественных структур от щедрых государственных субсидий и будут содействовать участию во внутреннем рынке капитала. Важной составляющей стратегии Узбекистана в этом отношении является продвижение правительством широкомасштабной приватизации ГП и государственных банков.

Реформы с ведущей ролью государства также необходимы для создания соответствующих стимулов и побуждения различных участников рынка готовить проекты, помогающие привести экономическую деятельность Узбекистана в соответствие с его целями в области климата и развития. Учитывая растущую заинтересованность инвесторов, особенно международных институциональных инвесторов, в финансовых продуктах, соответствующих требованиям экологической, социальной и управленческой ответственности (ЭСУ), правительство, банки и корпоративные структуры Узбекистана имеют возможность мобилизовать финансирование, необходимое им для переходного процесса, посредством «зеленых» финансовых инструментов. Использование этих инструментов, в свою очередь, также будет способствовать динамичности внутреннего рынка капитала, его емкости и, посредством требований о представления отчетности и мониторинге, надлежащему управлению этим рынком.

1.1. Потенциал «зеленых» облигаций для перехода Узбекистана к «зеленой» экономике

«Зеленые» облигации стали важными инструментами для финансирования перехода к более устойчивой экономике, особенно в развитых странах, но все в большей степени и в странах с формирующимся рынком, как Узбекистан. «Зеленые» облигации и прочие тематические облигации, связанные с устойчивостью (например, социальные облигации и облигации устойчивости), похожи на традиционные облигации (представляющие собой долговые инструменты с фиксированным доходом, привлекающие денежные средства (долговое обязательство) для эмитента облигации у держателей облигаций в обмен на обязательство погасить это долговое обязательство регулярными платежами в течение определенного периода времени по установленной процентной ставке), но поступления от них в явном виде выделяются целевым назначением на инвестиции в таких сферах, как возобновляемые источники энергии, энергоэффективность, экологически чистый транспорт, рециклинг и управление отходами. Облигации могут выпускаться государственными органами (в зависимости от юрисдикции как национальными, так и субнациональными органами государственного управления, в том числе муниципалитетами), кредитными организациями, компаниями и наднациональными организациями на первичных рынках.

Облигации относятся к основным инструментам рынка капитала, традиционно используемым для привлечения долговых обязательств для проектов, требующих значительного объема финансирования, таких как инфраструктурные проекты. Финансирование за счет «зеленых» облигаций хорошо подходит для объектов низкоуглеродной инфраструктуры, таких как инфраструктура возобновляемых энергоресурсов, характеризующаяся высокими первоначальными капитальными издержками и долгосрочными потоками доходов. По сравнению с банковским кредитованием облигации являются альтернативным, и часто конкурентоспособным, источником финансирования для нефинансовых компаний. Облигации зачастую обеспечивают более низкую стоимость капитала, могут иметь более длительные сроки погашения и являются более ликвидными. Еще одной привлекательной характеристикой облигаций является отсутствие или относительно низкий уровень норм залогового обеспечения.

За последние десять лет рынок «зеленых» облигаций вырос экспоненциально во всем мире. Первая «зеленая» облигация была выпущена Европейским инвестиционным банком еще в 2007 году. С тех пор «зеленые» облигации достигли зрелости, превратившись из нишевого инструмента в признанный растущий инструмент финансирования основного рынка заемного капитала. Согласно данным Инициативы в отношении климатических облигаций, в 2021 году объемы новых эмиссий тематических облигаций впервые превысили 1 трлн долларов США, при этом «зеленые» облигации (49 процентов, 523 млрд долларов США) составляли их крупнейшую долю (Climate Bonds Initiative, 2021[1]). Многие субъекты, такие как международные финансовые организации (МФО), органы государственного управления (суверенные, субнациональные и муниципальные) и корпорации (финансовые и нефинансовые), участвуют во внутренних и международных рынках «зеленых» облигаций и привлекают средства для финансирования и рефинансирования «зеленых» инвестиций. При том что наибольшее количество выпусков «зеленых» облигаций приходится на развитые страны, ряд стран Африки, Латинской Америки и Юго-Восточной Азии продвигается в этом направлении, и эмитенты готовятся использовать этот все более важный источник «зеленого» финансирования.

Регион Восточной Европы, Кавказа и Центральной Азии (ВЕКЦА) отстает от других регионов мира в использовании рынков облигаций для финансирования «зеленых» инвестиций. Частные источники финансирования, такие как акционерный капитал и облигации, способные привлечь банковское финансирование, пока применяются в этом регионе лишь в ограниченной степени. Среди стран ВЕКЦА тематические облигации выпускаются только в Армении, Грузии, Казахстане, Украине и, начиная с 2021 года, в Узбекистане. За исключением этих первых эмиссий, рынки капитала в регионе, в том числе в Узбекистане, по-прежнему недостаточно развиты, что является серьезным ограничением для более широкого использования данного инструмента.

После первой суверенной эмиссии традиционной облигации в 2019 году Узбекистан начал экспериментировать с тематическими облигациями и в конце 2021 года выпустил свою первую суверенную устойчивую облигацию (так называемую «облигацию Целей в области устойчивого развития»). Суверенная «зеленая» облигация была выпущена в конце 2023 года. Два ГП и три государственных банка, некоторые из которых планируется в ближайшие годы приватизировать, последовали примеру правительства и выпустили традиционные облигации. Первая корпоративная «зеленая» облигация страны была выпущена в рамках частного размещения в августе 2023 года крупным государственным банком «Узпромстройбанк» (SQB) (UzReport, 2023[2]).

Создание рынка «зеленых» ценных бумаг часто рассматривается как один из основных шагов, позволяющих осуществить переход к «зеленой» экономике. На более развитых рынках «зеленые» облигации также рассматриваются как инструмент для межведомственного и внутриструктурного обсуждения вопросов, связанных с финансированием перехода к низкоуглеродной экономике. «Зеленые» облигации содействуют диалогу между финансовым и экологическим сообществами, что, в свою очередь, может повысить значимость политики в отношении климата и экологически чистых энергоресурсов в национальных повестках дня, улучшить сотрудничество между этими двумя сообществами и способствовать выработке взаимовыгодных решений проблем, препятствующих росту спроса на «зеленое» финансирование.

Однако успех «зеленых» облигаций зависит от бесперебойного функционирования рынков облигаций в целом. «Зеленые» облигации подвержены таким же рискам, в частности, валютному риску, а также рискам, связанным с лежащими в их основе проектами, таким как отсутствие готовых для рынка «зеленых» проектов, и, в случае эмитента, — рискам для репутации, если обнаруживается, что проекты расходятся с критериями, установленными рамочной программой облигации. Хотя облигации и прочие долговые инструменты с фиксированным доходом воспринимаются как инвестиции с низким риском, заинтересованность в них рынка варьируется в зависимости от различных факторов, прежде всего процентной ставки и инфляции. Когда процентные ставки и инфляционное давление повышаются, как это было в 2022 году, заинтересованность рынка в долговых инструментах с фиксированной ставкой — в том числе как в «зеленых», так и в традиционных облигациях, — как правило, снижается, поскольку инвесторы ищут более высокую прибыль. Словом, добавление «зеленой» маркировки к неэффективно функционирующим финансовым инструментам не решит глубинных структурных проблем, существующих на рынке.

Как показывает опыт других регионов, повышение спроса на «зеленые» облигации может стать движущей силой и источником расширения рынка облигаций в стране в более общем плане, постепенно улучшая ситуацию на более широком рынке заемного капитала. Кроме того, «зеленые» облигации опираются на устоявшуюся и растущую базу инвесторов в условиях, когда все большее число инвесторов вводит требования о наличии «зеленых» портфельных инвестиций. «Зеленые» облигации с вызывающими доверие механизмами мониторинга и представления отчетности могут привлечь более крупный объем капитала таких инвесторов, будучи столь необходимым альтернативным источником финансирования проектов, связанных с переходом к «зеленой» экономике.

1.2. Рекомендации по итогам оценки ОЭСР готовности Узбекистана к выпуску «зеленых» облигаций

В настоящем докладе исследуется текущая экономическая и экологическая ситуация, а также направление движения, заданное стратегиями и планами развития Узбекистана (глава 2), существующие источники финансирования для реализации этих планов и сохраняющийся разрыв между текущими расходами и инвестиционными потребностями (глава 3), институциональная структура, участники рынка, правовая и нормативная основы финансовой системы (глава 4) и возможности для более широкого использования «зеленых» облигаций различными эмитентами в ряде секторов (глава 5).

На основе этих оценок и консультаций с различными государственными и негосударственными заинтересованными сторонами Узбекистана ОЭСР был определен комплекс реформ, которые могут способствовать выпуску «зеленых» облигаций и их вкладу в достижение целей Узбекистана в области климата, развития и рынка капитала. Выводы и рекомендации, относящиеся к вышеуказанным областям, приводятся в соответствующих главах. Ниже основные рекомендации реорганизованы в две категории: рекомендации, предназначенные для государственных должностных лиц, относительно реформ законодательства, регулирования и политики, способствующих развитию рынка «зеленых» облигаций, и рекомендации, предназначенные для прочих субъектов, в частности, для корпоративных структур.

1.2.1. Рекомендации директивным органам и государственным должностным лицам

Правительство Узбекистана уже достигло больших успехов в решении самых насущных проблем, связанных с экономикой, экологией и рынком капитала, стоящих перед страной. Следует далее прилагать и активизировать усилия в этих областях ввиду масштабов предстоящего переходного процесса и годового дефицита финансирования. Задержка расходов на переход Узбекистана к «зеленой» экономике приведет к увеличению совокупных издержек, тогда как принятие мер на раннем этапе позволит Узбекистану на основе своего все более богатого опыта использовать дополнительные возможности по мере развития его рынка и выбранных направлений политики.

Стратегии

Принятие целевых показателей Узбекистана до 2030 года в отношении сокращения выбросов парниковых газов (ПГ), интеграции производства электроэнергии из возобновляемых ресурсов, повышения энергоэффективности и стимулирования электрификации секторов конечных потребителей является надлежащим первым шагом. Узбекистану следует дополнить эти среднесрочные целевые показатели **комплексным целевым показателем нулевого чистого уровня выбросов по экономике в целом и сопровождающей его долгосрочной стратегией развития с низким уровнем выбросов**. В такой стратегии, которая должна быть принята в соответствии с Парижским соглашением, подписантом которого является Узбекистан, следует представить видение правительства на период после целевых показателей 2030 года, изложенных в определяемом на национальном уровне вкладе (ОНУВ) Узбекистана, а также определить необходимые этапы для достижения Узбекистаном более смелых долгосрочных целевых показателей и, в идеальном случае, нулевого чистого уровня выбросов.

Учитывая огромную роль, которую играет инфраструктура в формировании долгосрочных выбросов, в качестве первого шага Узбекистану следует принять стратегию, сосредоточенную на важнейших инфраструктурных проектах, намечающую выбросы жизненного цикла этих проектов в соотнесении с целевыми показателями сокращения выбросов Узбекистана. Траектории выбросов конкретных секторов могут быть полезными инструментами планирования инвестиций, требуемых для перехода к «зеленой» экономике каждого сектора, и помочь не оказаться в плену выбросов. Существование вызывающей доверие долгосрочной стратегии развития с низким уровнем выбросов поможет правительству корректировать свои направления деятельности и повышать обязательства относительно сокращения выбросов ПГ.

Для того чтобы действенно мобилизовать имеющиеся внутренние и международные государственные и частные источники финансирования, Узбекистану следует принять **скоординированную долгосрочную стратегию финансирования в области развития**. Опираясь на предварительную работу, проведенную Международной финансовой корпорацией (МФК) и другими партнерами по развитию, Узбекистану следует четко определить разрыв между текущими расходами и финансированием, необходимым Узбекистану для выполнения своих обязательств в области климата и более широких целей в области развития. На основе этой оценки разрыва в стратегии финансирования в области развития Узбекистана можно определить источники финансирования, наиболее целесообразные для каждой составляющей переходного процесса. Например, хорошими кандидатами для привлечения частного финансирования являются проекты в сфере возобновляемых источников энергии, имеющие важное значение для перехода Узбекистана от энерго- и выбросоемкой экономики.

Развитие рынка капитала

Узбекистану следует **принять единый закон о рынках капитала**, упрощающий существующую нормативно-правовую основу, состоящую из множества законов, указов президента и нормативных актов. Более прозрачная нормативно-правовая основа уменьшит излишнюю сложность, позволит избегать несоответствий между законодательными актами, улучшит общее функционирование рынка, а также устранит барьеры для потенциальных участников рынка, как отечественных, так и международных. Указом президента 2021 года это предусматривалось в качестве приоритетной меры для дальнейшего развития рынка (Government of Uzbekistan, 2021[3]).

Текущие усилия правительства **по приватизации следует активизировать и ускорить** при обеспечении соответствующих защитных механизмов и прозрачности в отношении аукционов. Внешние факторы, в частности, вторжение России в Украину, свели на нет некоторые усилия на раннем этапе по приватизации ГП и государственных банков Узбекистана, но правительству следует предпринимать дальнейшие действия по выполнению цели уменьшения роли государства в экономике и особенно в банковском секторе. **Развитие внутреннего потенциала в сфере рынков капитала и ценных бумаг, а также совершенствование корпоративного управления и повышение прозрачности государственных банков** поможет подготовить их к приватизации и удовлетворению их растущей потребности в мобилизации альтернативных источников финансирования в условиях их постепенного отказа от государственных субсидий. В упорядоченном управлении процессом их приватизации будут полезны международный опыт и коллегиальные обмены, особенно с другими странами с переходной экономикой.

Рынок ценных бумаг Узбекистана, в настоящее время разделенный между двумя биржевыми платформами, следует гармонизировать с целью сокращения транзакционных издержек и прочих барьеров для потенциальных участников рынка. Беспрепятственная интеграция платформ для государственных и корпоративных ценных бумаг поможет решить некоторые проблемы в области спроса, с которыми сталкивается рынок капитала Узбекистана, что будет способствовать более широкому участию в рынке, увеличит объемы операций и повысит ликвидность рынка. Работа с признанными международными биржами и обеспечение возможности для двойного размещения ценных бумаг поможет как улучшить практику фондовых бирж Узбекистана, так и привлечь больше инвесторов.

«Зеленые» облигации и связанные с ними инструменты

Узбекистан поручил Министерству экономики и финансов привлечь дополнительное внутреннее и международное частное финансирование для «зеленых» инфраструктурных проектов в стране посредством выпуска «зеленых» облигаций. Узбекистану следует опираться на свой опыт первой суверенной облигации устойчивости и изучить возможности для суверенных «зеленых» эмиссий.

«Зеленые» облигации лучше всего подходят для проектов с высокими первоначальными капитальными издержками и долгосрочными потоками фиксированного дохода, таких как проекты производства энергии из возобновляемых ресурсов. Крупномасштабные энергетические установки для производства электроэнергии из ветровой и солнечной энергии, финансируемые за счет кредитов международных компаний, такие как энергетические установки, поддерживаемые компаниями ACWA Power и Masdar, можно рефинансировать с помощью «зеленой» облигации, потенциально по более конкурентоспособным ставкам. Проекты аналогичных масштабов, которые будут разрабатываться в будущем, могут быть отличными кандидатами для включения в выпуски «зеленых» облигаций.

Отраслевые министерства Узбекистана, в частности, Министерство энергетики, Министерство инвестиций, промышленности и торговли, а также Министерство транспорта, регулярно публикуют перечни приоритетных инфраструктурных проектов, требующих финансирования. Предполагалось, что в процессе отбора проектов для их включения в первую суверенную облигацию устойчивости Узбекистана будут проводиться консультации с отраслевыми министерствами, но, согласно результатам состоявшихся в 2022 году совещаний по сбору фактов ОЭСР с представителями министерств, участие отраслевых министерств в этом процессе было ограниченным. Для будущих эмиссий Узбекистан может **исходить из существующих приоритетов отраслевых министерств для подготовки приемлемых для банков перечней инфраструктурных проектов с высокой отдачей.**

В рамках продвижения использования «зеленых» облигаций Узбекистан **поручил Министерству экономики и финансов разработать национальную «зеленую» таксономию**, **которая была принята в октябре 2023 года**. Как показал опыт других стран, разработка функционирующей «зеленой» таксономии представляет собой итеративный процесс ее постепенных улучшений, пересмотров и расширений. Министерству следует стремиться использовать формирующуюся надлежащую практику, которая уже наработана в юрисдикциях, и ставить задачу четко классифицировать экономическую деятельность, согласующуюся с целями в области окружающей среды и развития Узбекистана. Желательно продолжать процесс разработки таксономии с учетом будущих более смелых целей в области климата, например, таких как целевой показатель нулевого чистого уровня выбросов и долгосрочная стратегия развития с низким уровнем выбросов. Аналогичным образом, правительство может рассмотреть **расширение существующей Рамочной программы облигаций ЦУР**.

Узбекистану следует **устранить правовые и нормативные барьеры для внедрения большего числа финансовых инструментов и для потенциальных эмитентов «зеленых» облигаций**. К таким барьерам относится положение Бюджетного кодекса о том, что субнациональные органы государственного управления не могут выпускать долговые инструменты, и отсутствие правовой основы для исламских финансовых инструментов, что препятствует развитию «зеленых» сукук.

- В случае субнациональных облигаций Узбекистан может рассмотреть предоставление возможности выпускать долговые обязательства ограниченному числу региональных органов государственного управления, обладающих достаточным потенциалом (то есть муниципалитету Ташкенту), под надзором Министерства экономики и финансов. Такой подход принял Казахстан, и теперь его субнациональные органы государственного управления являются активными участниками рынков долговых инструментов под жестким контролем Министерства финансов.
- В случае исламского финансирования и «зеленых» сукук, помимо определения правовой основы, Узбекистану следует использовать международный опыт стран — лидеров в области исламского финансирования (например, Индонезии, Малайзии, стран Совета по сотрудничеству стран Персидского залива) и принять меры политики, способствующие внедрению этого инструмента.

1.2.2. Рекомендации прочим участникам рынка

Банкам и ГП Узбекистана**, которые вскоре будут приватизированы, следует опираться на опыт первых эмиссий традиционных корпоративных облигаций и выпуска банком SQB первой «зеленой» облигации**. Крупным государственным банкам и предприятиям Узбекистана, многие из которых планируется в ближайшие годы приватизировать согласно Стратегии реформирования банковской системы на 2020–2025 годы (Government of Uzbekistan, 2020[4]), необходимо адаптироваться к процессу перехода к «зеленой» экономике, чтобы оставаться жизнеспособными. Они могли бы использовать «зеленые» облигации для финансирования составляющих своих собственных преобразований. Например, компания UzAuto Motors, государственный производитель автомобилей, выпустившая одну из первых корпоративных облигаций Узбекистана, могла бы попытаться использовать «зеленую» облигацию для поддержки отечественного производства электротранспорта, определенного правительством в качестве одного из приоритетов переходного процесса в транспортном секторе.

Государственным банкам и ГП следует находить возможности для коллегиального обучения у опытных эмитентов «зеленых» облигаций. Практический семинар по коллегиальному обучению, организованный ОЭСР для крупного узбекского государственного банка «Узпромстройбанк» (SQB) и Ameriabank, армянского банка — первопроходца в сфере эмиссий «зеленых» облигаций, обеспечил возможность банкирам, ведущим деятельность в странах с общей историей и проблемами, но разными уровнями зрелости рынка, обменяться опытом в отношении практических решений, применяемых в реальной жизни. Для содействия высокоэффективному развитию потенциала этот практический семинар, организованный по запросу банка SQB, можно тиражировать за счет собственных средств банков или финансирования доноров. Первый выпуск «зеленых» облигаций в рамках частного размещения в августе 2023 года банком SQB является обнадеживающим первым шагом для банков страны.

В условиях, когда реформы расширяют типы «зеленых» финансовых инструментов, приемлемых на рынке, корпоративным структурам следует стремиться внедрять те «зеленые» финансовые инструменты, которые лучше всего отвечает их потребностям. Учитывая наличие в Узбекистане скрытого спроса на исламское финансирование, им следует **рассмотреть исламские альтернативы традиционным долговым инструментам, такие как «зеленые» сукук**.

Литература

Climate Bonds Initiative (2021), *Sustainable Debt: Global State of the Market 2021*, Climate Bonds Initiative, https://www.climatebonds.net/files/reports/cbi_global_sotm_2021_02h_0.pdf (accessed on 14 June 2023). [1]

Government of Uzbekistan (2021), *Kapital bozorini yananda rivojlantirish chora-tadbirlari to'g'risida [On measures for further development of the capital market]*, https://lex.uz/docs/-5371091 (accessed on 14 June 2023). [3]

Government of Uzbekistan (2020), *О стратегии реформирования банковской системы Республики Узбекистан на 2020 — 2025 годы [On the Strategy for the Reform of the Banking System of the Republic of Uzbekistan 2020-2025]*, https://lex.uz/ru/docs/4811037#4814990 (accessed on 14 June 2023). [4]

UzReport (2023), *O'zsanoatqurilishbank 100 million AQSH dollarlik obligatsiyalarni xususiy joylashtirishni muvaffaqiyatli amalga oshirdi [Uzsanoatqurilishbank has successfully implemented a private placement of bonds worth 100 million US dollars]*, https://uzreport.news/finance/o-zsanoatqurilishbank-100-million-aqsh-dollarlik-obligatsiyalarni-xususiy-joylashtirishni-. [2]

2 Трудная задача достижения Узбекистаном нулевого чистого уровня выбросов. Макроэкономическая и экологическая ситуация

В настоящей главе приводится контекст, необходимый для понимания масштабов трудностей, с которыми сталкивается Узбекистан в процессе перехода к «зеленой» экономике, а также разрыва между имеющимся финансированием и оцениваемыми требуемыми суммами. Экономика Узбекистана является динамичной и растущей, но также весьма энерго- и выбросоемкой. Правительство Узбекистана установило смелые целевые показатели для страны в отношении экономического развития и смягчения последствий изменения климата, но масштабы экономических преобразований, необходимых для выполнения этих целевых показателей, требуют крупных инвестиций, особенно в инфраструктуру. Этот переходный процесс потребует серьезного сдвига в существующих системах инфраструктуры Узбекистана, особенно в энергетике, опирающейся на ископаемое топливо. Содействуя частным инвестициям, в том числе из международных источников, в проекты, удовлетворяющие растущий спрос на услуги инфраструктуры, и не усугубляющие существующих экологических проблем, Узбекистан имеет возможность зарекомендовать себя в качестве регионального лидера в области устойчивого развития. Такие проекты могут быть направлены, например, на использование крупного потенциала возобновляемых источников энергии Узбекистана.

Вставка 2.1. Основные выводы и рекомендации

- Экономика Узбекистана растет быстрыми темпами и продемонстрировала устойчивость к последним внешним шокам, в частности, к пандемии COVID-19 и вторжению России в Украину. Осмотрительное управление долгом и рыночные реформы улучшили инвестиционный климат страны.
- Экономика Узбекистана является весьма энергоемкой и, ввиду того что энергосистема Узбекистана опирается на ископаемое топливо, выбросоемкой. В экономике преобладают крупные государственные предприятия, и страна сильно зависит от природного газа, внутренние запасы которого близки к истощению.
- Ввиду потенциала для производства электроэнергии из возобновляемых ресурсов, особенно из солнечной энергии, имеются значительные возможности для сокращения Узбекистаном выбросов ПГ в соответствии с его обязательствами по Парижскому соглашению (сокращение выбросоемкости экономики на 35 процентов по сравнению с уровнями 2010 года) путем быстрого увеличения доли возобновляемых источников энергии, а также повышения энергетической безопасности, совершенствования и экологизации инфраструктуры энергетики, сферы транспорта и других секторов.
- Узбекистан установил целевые показатели на период до 2030 года в том числе в отношении сокращения выбросоемкости экономики (–35 процентов по сравнению с уровнями 2010 года) и интеграции возобновляемых источников энергии (25 процентов общего предложения первичной энергии (ОППЭ)). Узбекистан также ставит задачу сокращения доли государства в национальной экономике и развития внутреннего рынка капитала. Однако в стратегиях Узбекистана отсутствует вызывающая доверие информация о калькуляции расходов и способах финансирования.
- Узбекистан еще не принял комплексный целевой показатель нулевого чистого уровня выбросов по экономике в целом и сопутствующую долгосрочную стратегию развития с низким уровнем выбросов.
- Ввиду масштаба необходимых инвестиций (как минимум 6 млрд долларов США ежегодно) внутреннее государственное финансирование является недостаточным для достижения Узбекистаном ЦУР и его целей в области климата и развития.

2.1. Трудная задача перехода Узбекистана к «зеленой» экономике

2.1.1. Макроэкономический обзор

Экономика Узбекистана последовательно растет быстрыми темпами с тех пор, как в 1991 году Узбекистан стал независимым от Советского Союза: с 2010 года ВВП и ВВП на душу населения выросли, соответственно, в 3,7 раза и 2,6 раза (см. рис. 2.1). В период с 2010 по 2019 год темпы роста экономики Узбекистана — второй крупнейшей экономики в Центральной Азии после соседнего Казахстана — составляли в среднем более 6 процентов в год (World Bank, 2023[1]) в результате роста экспорта сырьевых товаров, иностранных инвестиций, промышленности, услуг и частного сектора, а также стабильного прироста населения в среднем приблизительно на 1,7 процента с 2000 года (UNECE, 2020[2]). После кратковременного спада в связи с пандемией COVID-19 в 2020 году (+1,9 процента) в 2021 году быстрые темпы роста возобновились (+7,4 процента). С 2017 года Узбекистан провел целый ряд масштабных реформ, обеспечив открытость страны для внешней торговли, либерализовав цены, отменив длительное время действовавшую привязку к стоимости узбекского сума на валютных рынках и повысив операционную независимость Центрального банка Узбекистана (Al Rasasi and Cabezon, 2022[3]).

Рисунок 2.1. Экономика Узбекистана последовательно растет, несмотря на внешние шоки

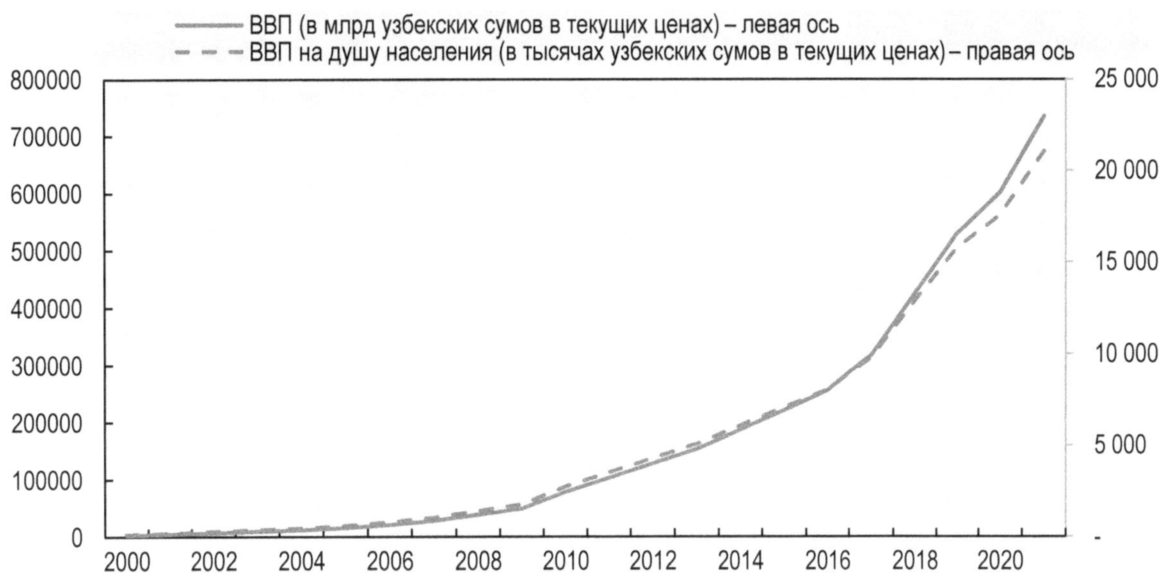

Источник: World Bank (2023[1]), World Bank Indicators Database, https://data.worldbank.org/indicator.

Доминирующая роль государства является главной характеристикой экономики Узбекистана. Две тысячи восемьсот государственных предприятий (ГП) находятся под прямым контролем органов центрального правительства, и на эти ГП приходится 18 процентов занятости, 20 процентов экспорта и приблизительно 50 процентов ВВП. Огромная роль, которую ГП играют в большинстве секторов экономики, в частности в энергетике, финансовом секторе, транспортном секторе и сельском хозяйстве, подавляет конкуренцию и возникновение более новаторских компаний, ведет к нерациональному распределению труда и капитала, замедляет развитие частного сектора и обременяет государственный бюджет. Узбекистан достиг успехов в деле укрепления корпоративного управления в целях приватизации в ближайшие годы многих ГП, в частности, путем внедрения управления наблюдательными советами, в состав которых входят независимые члены. Однако органы центрального правительства по-прежнему имеют полномочия назначать и увольнять исполнительных директоров ГП, а государственные служащие чрезмерно представлены в наблюдательных советах (World Bank, 2021[4]).

Услуги составляют крупнейшую долю (39 процентов) ВВП Узбекистана, за ними следуют промышленность (25 процентов) и сельское хозяйство (23 процента). В течение последних двух десятилетий доля сектора услуг в ВВП остается в целом стабильной, при этом доля промышленности увеличилась (с 16 процентов в 2010 году), а сельского хозяйства — незначительно уменьшилась (по сравнению с 27 процентами в 2010 году) (см. рис. 2.2). Промышленность Узбекистана включает несколько выбросоемких отраслей, таких как добыча природного газа, производство цемента и производство химикатов (в частности, аммиака и азотной кислоты, используемых в основном в удобрениях). В сельском хозяйстве занято приблизительно 27 процентов населения Узбекистана, особенно в сельской местности, где этот показатель ближе к 60 процентам. В целом сельское хозяйство Узбекистана постоянно модернизируется при повышении производительности благодаря диверсификации сельскохозяйственных культур (в частности, ухода от хлопка в качестве монокультуры), восстановлению земель и повышению уровня механизации (Uzhydromet, 2021[5]). Неформальный сектор играет важную роль в экономике Узбекистана, особенно в секторе услуг и сельском хозяйстве: по оценкам, в 2019 году размер неофициальной экономики был равен 40–50 процентам ВВП страны (Hamidov and Davletov, 2020[6]).

Рисунок 2.2. Доля промышленности в ВВП Узбекистана увеличилась, а доля сельского хозяйства снизилась

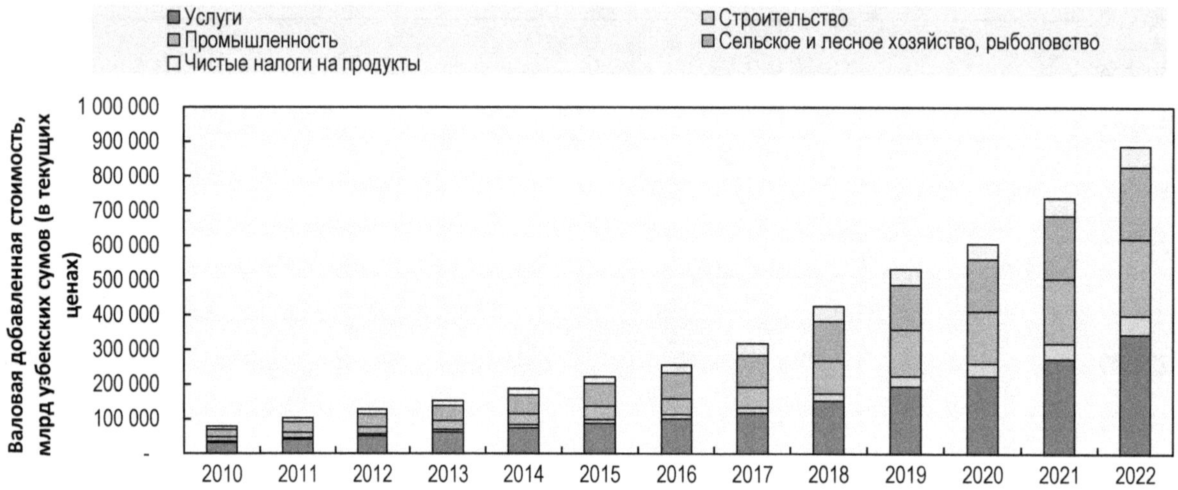

Источник: UzStat (2023[7]), "Volume of gross domestic product by types of economic activities", https://www.stat.uz/en/official-statistics/national-accounts.

С тех пор как Узбекистан начал обеспечивать большую открытость своей экономики для внешней торговли, сальдо торговли страны является отрицательным и сокращается: в 2022 году оно достигало 11,4 млрд долларов США. Основными торговыми партнерами Узбекистана являются Китай и Россия: на каждую из этих стран приходится приблизительно 15 процентов экспорта и 20 процентов импорта. Другие важные торговые партнеры — это Казахстан, Турция, Корея и Кыргызстан. Золото является крупнейшим экспортным продуктом Узбекистана, составляющим 21 процент экспорта. Однако крупнейшую категорию экспорта образуют промышленные товары, в частности, хлопчатобумажная пряжа для текстиля, (23 процента), за которыми следуют услуги (21 процент), продовольствие (8 процентов) и горюче-смазочные материалы, в том числе природный газ, (6 процентов). При том что основную часть экспортной продукции Узбекистана составляет сырье и основная продукция обрабатывающей промышленности, многие из которых являются выбросоемкими, в Узбекистане существует растущая отрасль производства автомобилей и автобусов, в том числе электромобилей. Основную часть импорта Узбекистана составляет продукция обрабатывающей промышленности и конечная продукция: главным образом машины и транспортное оборудование (31 процент), промышленные товары (19 процентов) и химикаты (19 процентов) (UzStat, 2022[8]).

Согласно данным МВФ, ожидается, что темпы роста экономики Узбекистана сохранятся на уровне приблизительно 4,5–5 процентов как минимум до 2027 года (IMF, 2022[9]). Экономика продемонстрировала устойчивость к последним внешним шокам, в частности, к пандемии COVID-19 и последствиям вторжения России в Украину (см. рис. 2.3), отчасти благодаря низким уровням государственного и внешнего долга (см. рис. 2.4 и рис. 2.5), низкому бюджетному дефициту, который сокращается (в 2022 году приблизительно 4,8 процента), существованию крупных международных резервов (в период 2023–2024 годов 33,5 млрд долларов США), крупному объему отечественных энергоресурсов и несколько ограниченной интеграции экономики в международные финансовые рынки. Кроме того, правительство продолжает усиливать устойчивость к экономическим шокам посредством бюджетной консолидации (в частности, посредством формализации крупной неофициальной экономики страны и повышения эффективности налогообложения) и жестких мер контроля в отношении государственного долга (например, закона «О государственном долге», которым введен верхний предел государственного долга на уровне 60 процентов ВВП, годовые лимиты заимствования и обязательные коррективные меры в случаях, когда уровень долга выше 50 процентов ВВП). Компетентная стратегия управления долгом Узбекистана способствовала повышению суверенного кредитного рейтинга страны до BB– (по состоянию на 2023 год, согласно данным Standard and Poor's и Fitch Ratings, в обоих случаях со стабильными перспективами). Хотя при рейтинге BB– кредитоспособность Узбекистана относится к неинвестиционной спекулятивной категории, Узбекистан находится в той же категории, что и Бразилия, Грузия и Греция (Investment Promotion Agency, 2023[10]).

Рисунок 2.3. Во время пандемии COVID-19 ситуация в экономике Узбекистана складывалась в среднем лучше, чем в других странах Центральной Азии и странах ОЭСР

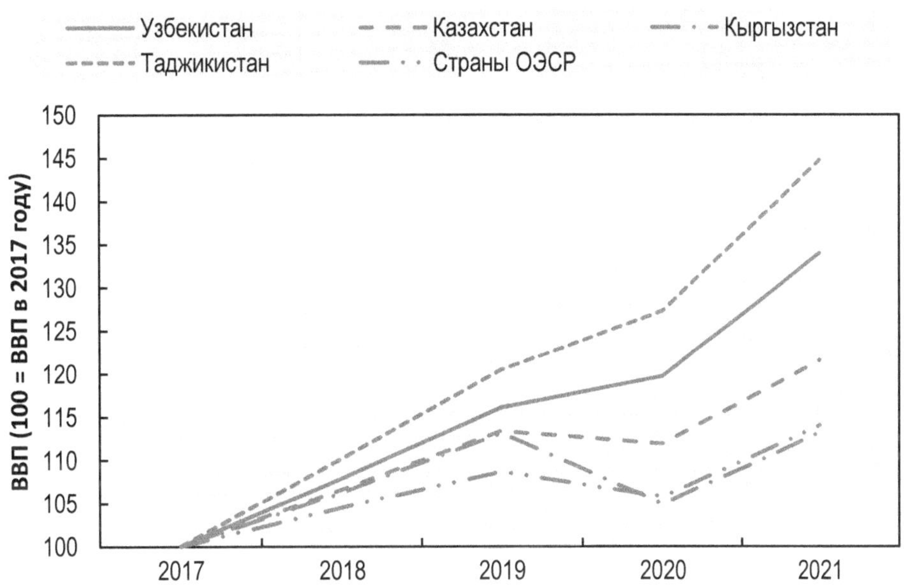

Источник: World Bank (2023[1]), World Bank Indicators Database, https://data.worldbank.org/indicator.

Рисунок 2.4. Уровни совокупного внешнего долга Узбекистана остаются низкими

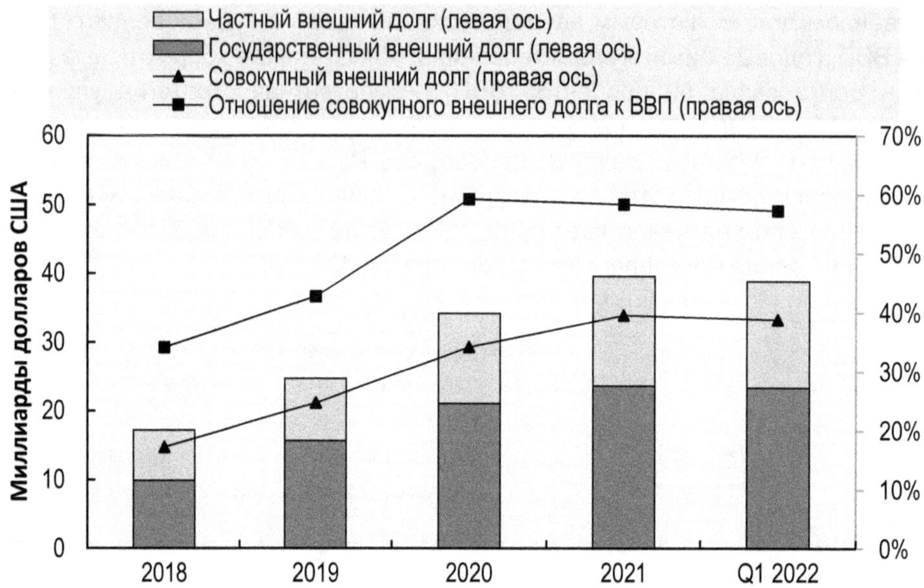

Источник: Ministry of Finance of Uzbekistan (2022[11]), The State Debt of the Republic of Uzbekistan for the 1st Quarter of 2022, https://api.mf.uz/media/post_attachments/1kv_2022_eng.pdf.

Рисунок 2.5. Уровень внешнего и внутреннего долга органов государственного управления Узбекистана остается сравнительно низким

Источник: Ministry of Finance of Uzbekistan (2022[11]), The State Debt of the Republic of Uzbekistan for the 1st Quarter of 2022, https://api.mf.uz/media/post_attachments/1kv_2022_eng.pdf.

2.1.2. Экологические проблемы

Экономические успехи Узбекистана дорого обходятся для окружающей среды. Совокупные выбросы парниковых газов (ПГ) Узбекистана являются вторыми по величине выбросами в регионе после Казахстана, а выбросы ПГ на единицу ВВП — пятыми по величине в мире (World Bank, 2022[12]). Экономика Узбекистана также весьма энергоемка (согласно данным 2019 года МЭА, 8,36 МДж к ВВП в долларах США в ценах 2017 года по ППС, что является вторым самым высоким уровнем энергоемкости в регионе после Туркменистана) (IEA, 2022[13]). Как следствие, основной объем выбросов ПГ Узбекистана приходится на энергоресурсы, центральное место в которых занимает выработка электроэнергии в основном на газовых теплоэлектростанциях Узбекистана (см. рис. 2.6). Природный газ составляет 82,7 процента общего предложения энергии (ОПЭ) страны, за природным газом следуют нефть (9,5 процента) и уголь (6,4 процента). На гидроэлектростанции приходится лишь 0,9 процента, и, хотя Узбекистан ускорил разработку проектов производства энергии из возобновляемых ресурсов с использованием энергии солнца и ветра, доля этих проектов в ОПЭ по-прежнему пренебрежимо мала (IEA, 2022[14]). Эта ситуация еще более усугубляется предоставлением щедрых субсидий на ископаемое топливо потребителям нефти, газа и электроэнергии. В 2021 году совокупные субсидии на ископаемое топливо составляли 19,3 процента ВВП — самую высокую долю среди всех стран в системе данных МЭА (IEA, 2023[15]).

Рисунок 2.6. На энергоресурсы приходится основной объем выбросов парниковых газов Узбекистана

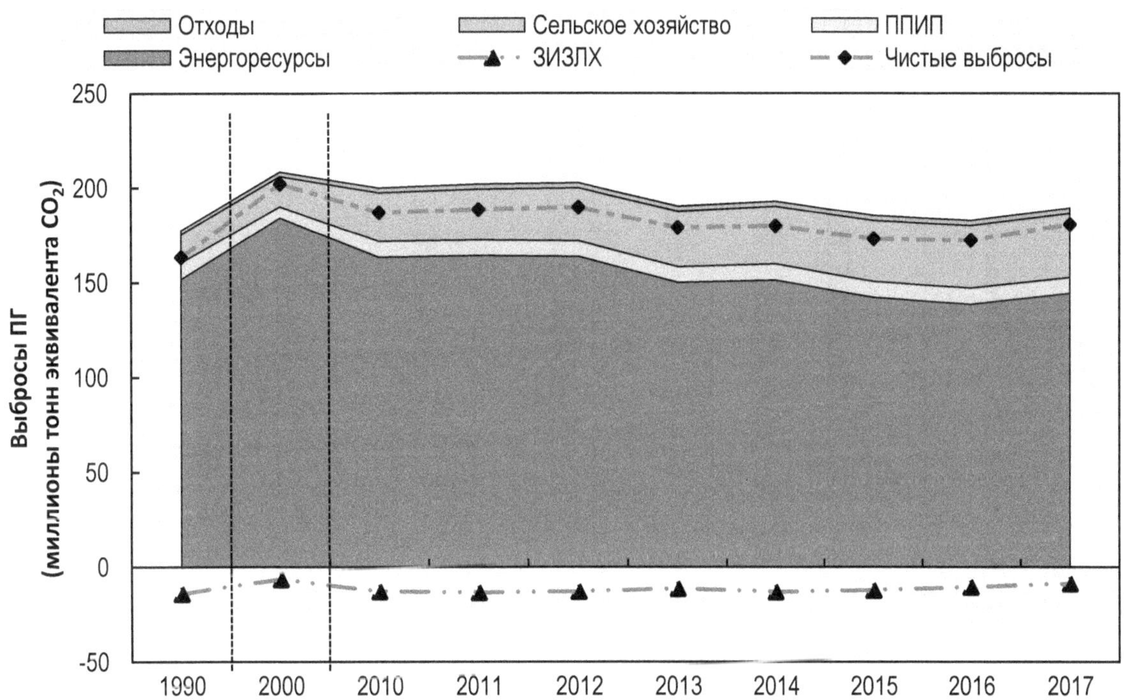

Источник: Centre of Hydrometeorological Services of Uzbekistan (Uzhydromet) (2021[5]), First Biennial Update Report to the United Framework Convention on Climate Change, https://unfccc.int/documents/283216.

Узбекистан является 13м крупнейшим производителем природного газа в мире, и в нем находятся 24е по величине запасы природного газа (IEA, 2022[16]). При том что рента за ископаемое топливо, особенно за природный газ, составляет значительную долю ВВП страны, Узбекистан меньше зависит от доходов от ископаемого топлива, чем соседние Казахстан и Туркменистан (см. рис. 2.7). В период с 2010 по 2019 год Узбекистан экспортировал в среднем приблизительно 21 процент своей добычи газа (объемом 10 млрд кубических метров) в Китай, Казахстан и Россию (IEA, 2022[16]). Однако в условиях увеличения внутреннего спроса на продукты переработки газа и смещения государственной стратегии в сторону производства нефтехимических продуктов с использованием природного газа внутри страны доля экспорта сократилась (в 2020 году — 6 процентов), и правительство планирует до 2025 года полностью прекратить экспорт газа. При нынешних темпах добычи природного газа (приблизительно 55–57 млрд кубических метров в год) запасы природного газа Узбекистана подвержены риску значительного истощения к 2030 году (IEA, 2022[16]). В начале 2023 года спрос на газ, подскочивший в условиях суровой зимы, превышал его внутреннее предложение, что привело к возникновению широко распространенного дефицита газа для выработки электроэнергии и теплоснабжения (Lillis, 2023[17]). Этот эпизод и более широкие условия вторжения России в Украину сделали энергетическую безопасность первоочередным вопросом политики правительства Узбекистана. Ввиду своих более скудных запасов нефти Узбекистан уже стал чистым импортером нефти вследствие сокращения ее добычи и роста внутреннего спроса (Uzhydromet, 2021[5]).

Рисунок 2.7. Узбекистан извлекает выгоды из крупной ренты за природный газ

Рента за природный газ, нефть и уголь в странах Центральной Азии в процентах ВВП, 2015-2020 годы

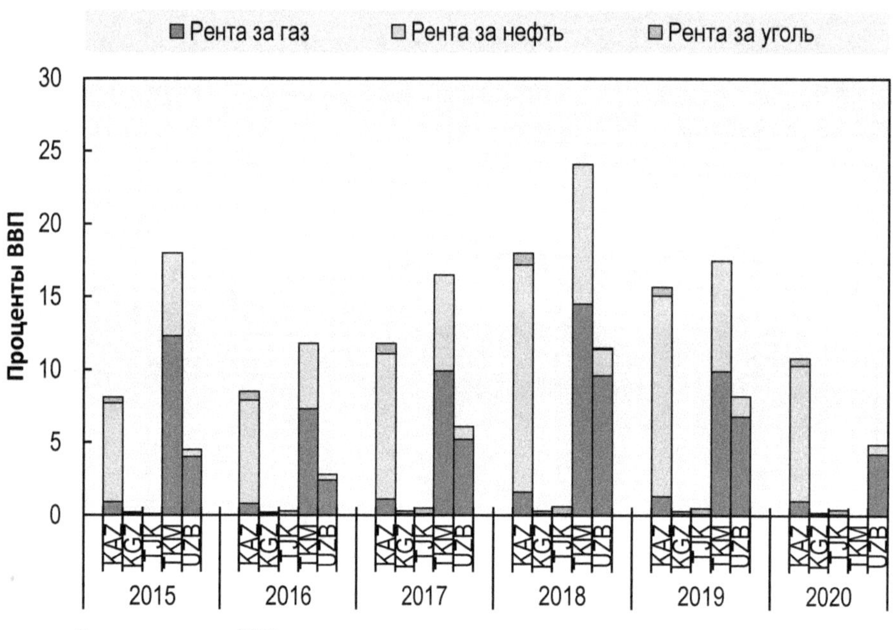

Примечание. Данные по Туркменистану за 2020 год отсутствуют.
Источник: World Bank (2023[1]), World Bank Indicators Database, https://data.worldbank.org/indicator.

Узбекистан уже ощущает последствия изменения климата. Средние температуры воздуха в Узбекистане повышаются более быстрыми темпами, чем в среднем в мире. В период с 1950 по 2013 год температуры повышались в среднем на 0,27°C за десятилетие при значительных региональных расхождениях (World Bank Group and ADB, 2021[18]). Хотя это воздействие зависит от мировых выбросов ПГ, в которых на Узбекистан приходится лишь относительно малая доля, в Узбекистане имеются значительные возможности внести вклад в глобальные усилия по сокращению выбросов ПГ путем сокращения внутренних выбросов в соответствии с определяемым на национальном уровне вкладом (ОНУВ). Узбекистан, Сторона Конвенции ООН об изменении климата и подписант Парижского соглашения, принял цели сокращения выбросов посредством национальных стратегий и международных обязательств.

Дефицит воды, давно являющийся проблемой для этой засушливой страны, может усугубиться ввиду изменения климата в условиях, когда ледники в Узбекистане и Центральной Азии в более широком плане продолжают сокращаться (UNECE, 2020[2]). Это может оказать непосредственное воздействие на качество жизни населения посредством снижения водообеспеченности и ухудшения качества воды вследствие усиления засоления источников воды. Ожидается, что дефицит воды, эрозия и засоление будут оказывать негативное воздействие на качество почв и, как следствие, на урожайность культур в сельском хозяйстве (UNECE, 2020[2]). Аральское море, которое находится по обе стороны границы между Казахстаном и Узбекистаном, является самым ярким примером антропогенного воздействия на окружающую среду в этом регионе. С 1960 года объемы воды сократились на более чем 90 процентов в связи с переброской вод рек Амударья и Сырдарья в целях масштабного орошения сельскохозяйственных культур в Центральной Азии, в основном для водоемкого хлопководства в Узбекистане. Все большая площадь земель, ранее покрытых водой или являвшихся дельтами рек, превращается в пустыню, и по сухому морскому дну проходят бури, переносящие 43 млн тонн пыли в год, что ведет к дальнейшему загрязнению поверхностных вод и оказывает воздействие на здоровье населения на расстоянии до 200 км от самого моря. Поскольку Аральское море является бессточным водоемом (то есть не имеет вытекающих из него рек), концентрации соли и сельскохозяйственных загрязняющих веществ в нем продолжают повышаться. Как следствие, местное население страдает от множества видов воздействия на здоровье, в частности, снижения рождаемости, неудовлетворительного функционирования органов и потенциально более высоких уровней онкологических заболеваний (Wæhler and Dietrichs, 2017[19]).

2.1.3. Проблемы и возможности, связанные с инфраструктурой

Инфраструктура находится в центре трудной задачи «зеленого» перехода Узбекистана. Инфраструктура Узбекистана в ее нынешнем состоянии сдерживает рост экономики из-за износа инфраструктурного фонда, ненадежного оказания услуг, более высоких издержек, связанных с транспортом и материально-техническими ресурсами, для экспортеров и нарушений в производстве. Регулярные перебои в электро-, газо- и водоснабжении ведут к потерям объема производства в размере приблизительно 24 процентов среди крупных компаний и 38 процентов среди компаний меньшего размера (World Bank, 2022[20]). Узбекистан получит экономические выгоды от инвестиций в проекты по замене изнашивающихся инфраструктурных активов и может воспользоваться возможностями перехода на их более низкоуглеродные альтернативные варианты.

Энергетика

Узбекистан извлечет наибольшие выгоды в том, что касается сокращения выбросов, из преобразования своей инфраструктуры энергетики. Теплоэлектростанции и теплоэлектроцентрали Узбекистана находятся в эксплуатации в среднем, соответственно, 42 года и 63 года, а гидроэлектростанции страны вводились в эксплуатацию в среднем 46 лет назад (IEA, 2022[16]). Поэтому инфраструктурный фонд является недостаточным, в основном устаревшим и подлежит выводу из эксплуатации. Для удовлетворения растущего спроса на электроэнергию, который в 2018 году составлял 63 тераватт-часа и, согласно прогнозам, в период до 2030 года будет увеличиваться на 4 процента в год, Узбекистану необходимо не только заменить существующие электростанции, но и построить новые генерирующие мощности (World Bank, 2022[20]). Ввиду этих потребностей необходимо предпринять своевременные действия по обновлению и расширению генерирующих мощностей, чтобы обеспечить продолжение функционирования экономики.

Узбекистану настоятельно необходимо диверсифицировать свой энергетический баланс, и обеспечение этого посредством интеграции возобновляемых источников энергии позволит Узбекистану одновременно решить свои проблемы в отношении выбросов ПГ и энергетической безопасности. В условиях вывода из эксплуатации и замены существующих электростанций Узбекистана у страны имеется возможность уменьшить свою зависимость от природного газа и повысить энергетическую безопасность. Природный газ является топливом для 88 процентов электроэнергии, производимой внутри страны, 50 процентов транспорта (в форме компримированного природного газа) и большей части централизованного теплоснабжения (IEA, 2022[16]). При нынешних темпах производства внутри страны запасы природного газа Узбекистана истощатся к 2030 году, и для дополнения природного газа, добываемого внутри страны, все чаще требуется импорт, что повышает уязвимость к внешним шокам предложения.

Электроэнергия, вырабатываемая из солнечной энергии, даже с сугубо экономической точки зрения является перспективной альтернативой электроэнергии, производимой газовыми электростанциями, ввиду все большей доступности солнечных панелей и наличия благоприятных условий в Узбекистане. Медианное глобальное горизонтальное излучение (ГГИ) Узбекистана (показатель потенциала солнечной энергии) составляет, по оценкам, 4,52 кВт·ч на квадратный метр в сутки — выше, чем уровни в Испании (4,46 кВт·ч/м^2/сут) и Италии (4,07 кВт·ч/м^2/сут) (IEA, 2022[16]). Помимо солнечной энергии, Узбекистан обладает незадействованным потенциалом ветровой энергии и прочих возобновляемых источников энергии. В действительности возможности для производства электроэнергии из возобновляемых источников энергии втрое превышают текущее потребление ископаемого топлива (при применении современных технологий — 179 млн тонн нефтяного эквивалента) (Uzhydromet, 2021[5]).

Однако устаревшая система передачи и распределения электроэнергии Узбекистана является серьезным барьером для усиления интеграции возобновляемых энергоресурсов. Более половины электрических сетей было построено тридцать и более лет назад, что ведет к значительным потерям (согласно данным 2019 года, в размере 14–16 процентов вырабатываемой электроэнергии) (Regional Electrical Networks, 2019[21]). Хотя энергосистема Узбекистана связана с электрическими сетями соседних стран Центральной Азии и, через Казахстан, с электрическими сетями России и Афганистана, рынки электроэнергии стран Центральной Азии являются менее интегрированными, чем в период Советского Союза. В 1990 году трансграничная торговля электроэнергией между Казахстаном, Кыргызстаном, Таджикистаном, Туркменистаном и Узбекистаном составляла 25 млрд киловатт-часов (кВт·ч), но к 2016 году торговля сократилась на более чем 90 процентов до 2 млрд кВт·ч (ADB, 2019[22]). Хотя нынешние низкие уровни интеграции возобновляемых источников с переменным характером выработки электроэнергии не ставят под угрозу результативность электрических сетей, настоятельно необходимо модернизировать отечественную систему передачи и распределения электроэнергии, а также усилить интеграцию с соседними странами для обеспечения готовности к более высоким уровням изменчивости энергоснабжения в будущем.

Транспорт

Узбекистан находится в месте одновременной реализации нескольких региональных трансграничных транспортных проектов, в частности, строительства транспортных коридоров в рамках инициативы «Один пояс, один путь» Китая и двух из шести коридоров по Программе Центральноазиатского регионального экономического сотрудничества (ЦАРЭС), и будет получать выгоды от углубления интеграции в формирующийся Срединный коридор (или Транскаспийский международный транспортный маршрут), пролегающий из Китая через Казахстан и Кавказ в Европу. Существующая транспортная сеть Узбекистана, состоящая из автодорог самой высокой плотности в Центральной Азии (41 км на 100 км^2) и достаточно развитой государственной железнодорожной сети (4 642 км железных дорог, в том числе 1 646 км действующих электрифицированных сегментов и 719 км высокоскоростных железных дорог) (Uzhydromet, 2021[5]), не обладает достаточным потенциалом для работы с прогнозируемыми увеличениями объема перевозок при поддержании текущих уровней эффективности транспортной сети. По оценкам Международного транспортного форума (МТФ), потенциал автодорожной инфраструктуры Узбекистана необходимо увеличить к 2030 году на 486 процентов и к 2050 году на 1365 процентов, а потенциал железных дорог необходимо повысить к 2050 году на 459 процентов (ITF, 2019[23]).

Экологизация транспортного сектора Узбекистана тесно связана с вышеперечисленными проблемами в энергетике. В настоящее время основной объем пассажирских и грузовых перевозок в Узбекистане производится по автодорогам, и более половины парка транспортных средств работает на компримированном природном газе. Ввиду этих взаимосвязей модернизацию и расширение транспортной инфраструктуры Узбекистана необходимо осуществить параллельно с преобразованиями в энергетике.

2.2. Стратегии и приоритеты правительства

Правительство Узбекистана признает масштабы трудной задачи перехода к «зеленой» экономике. Правительство Узбекистана уже изложило свое видение первой фазы переходного процесса на период до 2030 года, в общем виде представленное в таблице 2.1: в первой фазе основной акцент делается на снижении выбросоемкости ВВП путем интеграции возобновляемых источников энергии и электрификации, а также на сокращении роли государства в финансовой системе и экономике в целом. Одна из составляющих этого видения нацелена на сокращение роли государства в экономике, развитие внутреннего рынка капитала и улучшение инвестиционных условий для привлечения частного капитала внутри страны и из-за границы. Узбекистан определил «зеленые» облигации в качестве первоочередного инструмента для привлечения частного капитала и поручил Министерству экономики и финансов усовершенствовать соответствующую нормативную основу.

Доверие к целевым показателям, многие из которых являются смелыми, ослабляется из-за разрозненности информации об издержках и способах финансирования требуемых действий. Имеющаяся информация о ходе реализации целевых показателей указывает на то, что Узбекистан отклоняется от намеченного курса их выполнения к 2026 году (в случае Стратегии развития Нового Узбекистана) и к 2030 году (в случае Стратегии по переходу на «зеленую» экономику и пересмотренного Определяемого на национальном уровне вклада).

Таблица 2.1. Краткий обзор целевых показателей в сфере окружающей среды и развития рынка капитала Узбекистана

Название стратегии	Основные цели	Способы реализации	Текущее состояние
Пересмотренный Определяемый на национальном уровне вклад (ОНУВ) → к *2030 году*	Изменение климата: сокращение выбросов ПГ на единицу ВВП на 35 процентов по сравнению с уровнями 2010 года	- Калькуляция издержек, связанных с целевым показателем, не произведена, но он опирается на международную поддержку	Изменение климата. С отклонениями от намеченного курса: незначительное уменьшение выбросов ПГ на единицу ВВП в период с 2010 (3,58 кт CO_2э) по 2020 год (3,07 кт CO_2э)
Стратегия развития Нового Узбекистана на 2022-2026 годы *→ все цели к 2026 году*	Возобновляемые энергоресурсы: обеспечение доли возобновляемых источников энергии в ОППЭ в размере 25 процентов Энергоэффективность: повышение энергоэффективности на 20 процентов Транспорт: электрификация 60 процентов железных дорог; стимулирование производства и распространения электромобилей Развитие внутреннего рынка капитала: увеличение оборота на фондовом рынке с 200 млн долларов США до 7 млрд долларов США	Мероприятия 2022 года, предусмотренные Стратегией, должны финансироваться за счет: - государственного бюджета и целевых фондов: 35 трлн узбекских сумов + 165 млн долларов США - средств на цели восстановления экономики и развития: 200 млрд узбекских сумов + 100 млн долларов США - средств банков: 19,2 трлн	Возобновляемые энергоресурсы. С отклонениями от намеченного курса: в 2022 году возобновляемые энергоресурсы составляли 0,9 процента ОППЭ. Транспорт. К 2021 году электрифицировано приблизительно 35 процентов железных дорог

	Инвестиции: привлечение инвестиций объемом 120 млрд долларов США, в том числе 70 млрд долларов США из внешних источников Приватизация: увеличение частной доли активов банковской системы до 60 процентов	узбекских сумов + 5,8 млн долларов США - средств МФО: 323 млрд узбекских сумов + 5,56 млрд долларов США Калькуляция издержек, связанных с мероприятиями в период 2023-2026 годов, не произведена	Развитие внутреннего рынка капитала. Повышение активности на фондовом рынке на 310 процентов в период с 2021 по 2022 год до 4,7 трлн узбекских сумов (приблизительно 442 млн долларов США)
Стратегия по переходу на «зеленую» экономику на период 2019–2030 годов → *все цели к 2030 году; Стратегия обновлена в 2022 году*	Энергоемкость, сокращение энергоемкости на 30 процентов по сравнению с уровнями 2021 года Возобновляемые энергоресурсы: обеспечение доли возобновляемых источников энергии в ОППЭ в размере 30,5 процента; обеспечение наличия установленной мощности маломасштабных фотоэлектрических панелей 1500 МВт Энергоэффективность: повышение энергоэффективности промышленности на 20 процентов	- Калькуляция издержек, связанных с целевыми показателями, не произведена	Возобновляемые энергоресурсы. С отклонениями от намеченного курса: в 2022 году возобновляемые энергоресурсы составляли 0,9 процента ОППЭ; в 2022 году установленная мощность фотоэлектрических панелей малозначима

Источник: Government of Uzbekistan (2022[24]), О Стратегии развития Нового Узбекистана на 2022-2026 годы [On the New Uzbekistan Development Strategy 2022-2026], https://lex.uz/ru/docs/5841077; Government of Uzbekistan (2022[25]), О мерах по повышению эффективности реформ, направленных на переход Республики Узбекистан на «зеленую» экономику до 2023 года [On measures to improve the efficacy of reforms aimed at transitioning the Republic of Uzbekistan to a green economy by 2030], https://lex.uz/ru/docs/6303233; IEA (2022[14]), Uzbekistan 2022 Energy Policy Review, https://doi.org/10.1787/be7a357c-en; Toshkent Republican Stock Exchange (2023[26]), 2022 Exchange Review, https://uzse.uz/system/analytics/pdfs/000/000/154/original/Exchange_review_for_full_year_2022.pdf; World Resources Institute (2023[27]), Climate Watch Historical GHG Emissions (1990-2020), https://www.climatewatchdata.org/ghg-emissions.

В Узбекистане по-прежнему отсутствует вызывающая доверие стратегия, определяющая переходный процесс в долгосрочной перспективе (то есть до 2050 года и в последующий период). Желательно, чтобы такая стратегия намечала целостные преобразования в экономике Узбекистана (с учетом взаимодействия между секторами, а также воздействия на окружающую среду и социальную сферу) и сокращение выбросов ПГ для достижения цели нулевого чистого уровня выбросов. Среди стран Центральной Азии Казахстан стал первой страной, принявшей в начале 2023 года Стратегию достижения углеродной нейтральности до 2060 года (Government of Kazakhstan, 2023[28]), и сейчас он приступает к проведению практических реформ на основе широких целей этой стратегии.

Правительство Узбекистана сделало Цели в области устойчивого развития (ЦУР) главной частью своего планирования в области развития. Чтобы повысить действенность проводимых реформ и создать условия для обеспечения устойчивого развития, правительство Узбекистана определило «Дорожную карту» по организации имплементации национальных ЦУР и рамочный документ для использования своих экономических ресурсов в соответствии с критериями устойчивости. В 2018 году правительство разработало свою собственную модель устойчивости, в которой принято 16 национальных ЦУР и 125 соответствующих задач, согласующихся с целями, включенными в Повестку дня в области устойчивого развития до 2030 года Организации Объединенных Наций. Одновременно был учрежден межведомственный Координационный совет по реализации «Дорожной карты» по организации имплементации национальных ЦУР, а также создана двухпалатная парламентская Комиссия по ЦУР.

2.2.1. Отраслевые реформы и стратегии

В рамках этих более широких усилий по проведению реформ планируется внедрить или был внедрен ряд стимулов для «зеленых» инвестиционных проектов, в том числе многочисленные стимулы в конкретных секторах.

Энергетика

В феврале 2021 года Узбекистан объявил свою цель достижения к 2050 году углеродной нейтральности в секторе выработки электроэнергии, хотя эта цель не закреплена в документе по вопросам политики или в обязательном для исполнения законодательстве. Узбекистан укрепил сотрудничество с Европейским банком реконструкции и развития (ЕБРР), который оказывал поддержку в процессе разработки Министерством энергетики стратегии низкоуглеродной энергетики и представил рекомендации относительно достижения нулевого чистого уровня выбросов в электроэнергетике Узбекистана. Эта стратегия предусматривает в краткосрочной перспективе досрочное выбытие более старых неэффективных генерирующих мощностей и их замену более эффективными газовыми электростанциями, а в средне- и долгосрочной перспективе быстрое увеличение масштабов возобновляемых источников энергии. Многосторонние банки развития поддерживали и поддерживают разработку множества среднесрочных стратегий, внимание которых сосредоточено на различных аспектах сектора выработки электроэнергии, например, Плана развития магистральных электрических сетей до 2030 года (разработанного при поддержке Всемирного банка) и Плана развития распределительных электрических сетей (разрабатывается при поддержке Азиатского банка развития).

В последние годы правительство Узбекистана провело масштабные реформы в энергетике. В 2019 году правительство Узбекистана разделило государственную вертикально интегрированную энергетическую компанию «Узбекэнерго» на четыре отдельных акционерных общества (АО), ответственных за развитие и функционирование генерации на основе теплоэлектростанций (АО «Тепловые электрические станции»); развитие и эксплуатацию генерирующих мощностей гидроэнергетики (АО «Узбекгидроэнерго»); передачу, межгосударственный транзит, импорт и экспорт электроэнергии (АО «Национальные электрические сети Узбекистана»); распределение электроэнергии на местном уровне и управление четырнадцатью территориальными АО, ответственными за реализацию электроэнергии конечным потребителям (АО «Региональные электрические сети») (Government of Uzbekistan, 2019[29]). Ожидается, что в ближайшем будущем будет создан независимый регулятор в сфере газа и электроэнергии (Turkstra, 2021[30]).

При Министерстве энергетики создан отдел по вопросам проектов под руководством заместителя министра энергетики, курирующего сферу электроэнергетики. Этот отдел служит рабочим органом Комиссии по реформированию электроэнергетической отрасли (Government of Uzbekistan, 2019[29]). Отдел по вопросам проектов наметил трехэтапный план преобразования до 2025 года рынка электроэнергии Узбекистана в конкурентоспособный оптовый рынок. Первый этап сосредоточен на либерализации рынка энергоресурсов и выдаче лицензий большему числу частных компаний, желающих продавать электроэнергию. Второй этап предусматривает создание системного оператора, осуществляющего распределение электроэнергии, и передачу поставщикам электроэнергии права продавать электроэнергию потребителям на основании лицензий. Потребители будут иметь возможность выбирать поставщиков посредством торговой платформы в режиме онлайн, что будет способствовать конкуренции и инновациям. Третий этап предусматривает внедрение внутридневных и почасовых продаж электроэнергии на оптовом рынке (Kun.Uz, 2021[31]).

В 2020 году Министерство энергетики Узбекистана приняло Концепцию обеспечения Республики Узбекистан электрической энергией на 2020–2030 годы, нацеленную на сокращение существующего дефицита электроэнергии при одновременном содействии сбалансированному развитию и уделении надлежащего внимания устойчивости и «зеленой» экономике. Концепция также предусматривает необходимость реконструкции и модернизации существующей инфраструктуры генерации, распределения и передачи электроэнергии для повышения энергоэффективности, совершенствования систем учета электроэнергии, диверсификации источников топлива, а также дальнейшего содействия использованию возобновляемых энергоресурсов и развития их использования. Концепция устанавливает как среднесрочные, так и долгосрочные целевые показатели в электроэнергетической отрасли. В частности, в ней ставятся следующие цели:

- обеспечение потребности страны в электрической энергии в полном объеме за счет собственной генерации без привязки к импорту энергоресурсов и таким образом обеспечение энергетической безопасности;
- повышение энергоэффективности экономики и снижение ее энергоемкости, в том числе за счет создания экономических механизмов стимулирования рационального использования электрической энергии потребителями;
- повышение энергоэффективности производства, транспортировки и распределения электрической энергии для удовлетворения растущего спроса на нее;
- снижение уровня износа электрооборудования путем его постоянного обновления, увеличение резерва мощностей генерирующего оборудования и электрических сетей;
- развитие и расширение использования возобновляемых источников энергии и их интеграция в единую электроэнергетическую систему;
- разработка эффективной базовой модели рынка электрической энергии.

Концепция предполагает проведение работ по шестидесяти двум энергетическим проектам до 2030 года, в том числе строительство тридцати пяти гидроэлектростанций (общей мощностью 1 537 МВт) и модернизацию двадцати семи существующих гидроэлектростанций. Она также предусматривает строительство до 2030 года 3 ГВт ветровых и 5 ГВт солнечных электростанций. Помимо этих крупномасштабных проектов в отдаленных районах будет построено несколько солнечных электростанций малой мощности, не подключенных к центральной электроэнергетической системе. Кроме того, план предполагает строительство фотоэлектрических станций средней мощности для удовлетворения потребностей в электроэнергии отдельных производителей и промышленных центров. Ожидается, что будут строиться объекты возобновляемых источников энергии для населения, обеспечивающие энергоснабжение частных домов и жилых комплексов, в форме независимых производителей электроэнергии. Для достижения этих целевых показателей солнечные электростанции будут оснащены крупными системами хранения электроэнергии. Правительство, осознавая, что привлечение прямых иностранных инвестиций (ПИИ) будет играть важную роль в достижении целевых показателей, проводит работу по стимулированию ПИИ в сектор возобновляемых энергоресурсов путем внедрения процедур конкурсных торгов. Правительство привержено работе с МФО на начальных этапах реализации деятельности для определения потенциальных инвесторов в рамках системы «строительство–владение–эксплуатация» и для заключения долгосрочных соглашений по закупке электроэнергии (СЗЭ) для поставки возобновляемых энергоресурсов.

Темпы развития возобновляемых источников энергии в Узбекистане начали заметно ускоряться, хотя в настоящее время являются крайне низкими. С 2019 года правительство Узбекистана при поддержке Азиатского банка развития (АзБР), Европейского банка реконструкции и развития (ЕБРР) и Группы Всемирного банка проводит процедуры конкурсных торгов на строительство и эксплуатацию крупномасштабных проектов по генерации электроэнергии на основе солнечных фотоэлектрических станций. Заключены контракты с международными компаниями в отношении 1 300 МВт новых генерирующих мощностей, и открыты для тендера проекты, представляющие еще 750 МВт мощностей (IEA, 2022[32]). Правительство и Международная финансовая корпорация

(МФК) подписали соглашение о консультативных услугах для подготовки к тендеру проектов ветропарков мощностью 500 МВт на основе государственно-частных партнерств (Djunisic, 2022[33]).

Однако по сравнению с установленной мощностью теплоэлектростанций и теплоэлектроцентралей (в 2020 году 14 520 МВт), а также гидроэлектростанций (в 2020 году 2 023 МВт) (UzStat, 2023[34]) плановая мощность возобновляемых источников энергии является незначительной. Развитие солнечной энергетики в ситуации, когда относительно высокий уровень глобального горизонтального излучения (ГГИ) Узбекистана дает стране явное преимущество, сталкивается с рядом препятствий. Помимо ограничений, связанных с потенциалом (например, отсутствия квалифицированной рабочей силы и отечественных знаний, низкого качества и уровня доступности данных), потенциальные разработчики солнечной энергетики сталкиваются с рыночными барьерами (например, с повышенным субсидированием ископаемого топлива, системой цен на энергоресурсы, не отражающих издержки, ненадлежащим учетом социальных и экологических внешних эффектов), сложными мерами политики, в которых отсутствует прозрачность, политикой «стоп–вперед», ослабляющей доверие инвесторов, ограничительными требованиями в отношении доли отечественных ресурсов в сочетании с недостаточными имеющимися отечественными технологиями и структурой рынка электроэнергии, не подходящей для крупномасштабной интеграции возобновляемых источников с переменным характером выработки электроэнергии (IEA, 2022[32]). Для устранения некоторых неэкономических барьеров, связанных с потенциалом внутри страны для подготовки проектов возобновляемых энергоресурсов, в 2022 году правительство создало Национальный научно-исследовательский институт возобновляемых источников энергии при Министерстве энергетики (Government of Uzbekistan, 2022[35]). Этому институту поручено разработать программы подготовки кадров в сфере производства энергии из возобновляемых ресурсов и водорода. В шести ведущих узбекских университетах будут внедрены новые программы магистратуры (Government of Uzbekistan, 2021[36]).

Энергоэффективность и промышленность

Недавно принятым законодательством создан ряд стимулов для инвестиций в проекты энергоэффективости, в частности, вычеты в размере до 50 процентов импортных пошлин на энергоэффективное оборудование, льготное кредитование под государственную гарантию для государственных компаний, финансирующих государственные, отраслевые и региональные программы энергоэффективости, и сниженные тарифы на энергоресурсы для компаний, производящих продукцию с энергопотреблением ниже установленных нормативов. В августе 2020 года был создан фонд энергосбережения, источниками средств которого являются ежегодные платежи в размере 5 процентов чистых доходов нефтяной отрасли, газовой отрасли и энергетики, доходы от повышенных тарифов на энергоресурсы в случае чрезмерного энергопотребления и штрафы за нарушения, связанные с энергопотреблением. Этот фонд предназначен для поддержки компаний и физических лиц, которые проводят энергетический аудит, развития потенциала, внедрения энергосберегающих технологий, развития возобновляемых источников энергии, а также финансирования проектов энергосбережения и возобновляемых источников энергии (Energy Charter, 2022[37]).

Также был принят ряд мер политики для стимулирования внедрения более энергоэффективных промышленных процессов, в частности, сниженные тарифы на энергоресурсы для промышленных предприятий, использующих энергоэффективные технологии. С 2020 года компании были обязаны устанавливать целевые показатели энергосбережения на период до 2023 года, хотя эти целевые показатели носят лишь ориентировочный характер, и не существует механизма для содействия их достижению. Кроме того, промышленные предприятия имеют право подавать заявку на финансовую поддержку (из государственного бюджета и за счет кредитов международных финансовых организаций) для проведения обязательных энергетических аудитов.

Государственные предприятия должны соблюдать более жесткие нормативы энергоэффективности, чем частные компании (Energy Charter, 2022[37]).

Транспортный сектор

В 2019 году Министерство транспорта представило проект Стратегии развития транспортной системы Республики Узбекистан до 2035 года для проведения общественных консультаций, но Стратегия еще не принята правительством. Стратегия предусматривает строительство новых железных дорог (до 2035 года 525,2 км по сравнению со 129,2 км в 2018 году; повышение плотности до 16,5 км/1 000 км^2), автодорог (до 2035 года 756 км по сравнению со 130 км в 2018 году), услуг городского транспорта (в частности линий метро и автобусных маршрутов) и взлетно-посадочных полос аэропортов. Стратегия также устанавливает цели относительно альтернативных видов топлива автомобилей (80 процентов), электромобилей и гибридных автомобилей в национальном парке автотранспортных средств (20 процентов) и сокращения выбросов ПГ на единицу перевозимых грузов (Government of Uzbekistan, 2019[38]).

Правительство также создало стимулы для внутреннего производства электромобилей и гибридных автомобилей, в частности, освобождение от уплаты утилизационных сборов, а также таможенной пошлины за ввозимые из-за рубежа комплектующие части и на покупку электромобилей и гибридных автомобилей физическими лицами в форме частичной компенсации кредитов (Government of Uzbekistan, 2022[39]). Узбекистан ставит задачу увеличить внутреннее производство электромобилей до 15–25 тысяч единиц в год (Kapital.Kz, 2022[40]), что приблизительно эквивалентно среднемесячному объему покупок автомобилей отечественного производства (примерно 19 тысяч) (Centre for Economic Research and Reforms, 2023[41]).

2.3. Потребности и дефицит инвестиций Узбекистана

Несмотря на успехи Узбекистана в сфере социально-экономического развития, потребности в инвестициях для достижения Узбекистаном целей в области развития и климата огромны. Узбекистану необходимо использовать все возможные источники финансирования, особенно путем привлечения большего объема капитала частного сектора. При том что достижение некоторых целей в области развития и ЦУР (например, целей в сфере образования, здравоохранения и некоторых целей в сфере окружающей среды) объективно в большей степени зависит от государственного финансирования, другие цели открывают возможности для привлечения частного капитала, в частности, в электроэнергетической отрасли, на которую приходится крупнейшая доля выбросов ПГ Узбекистана.

Не существует оценки инвестиций, требуемых для достижения Узбекистаном целевых показателей его стратегий развития. Те оценки потребностей в инвестициях, которые существуют, широко варьируются с точки зрения их охвата и прогнозируемых потребностей в расходах, но каждая представляет частичную картину масштабов требуемого финансирования.

Одна из таких оценок относится к инвестициям, требуемым для достижения Узбекистаном некоторых ЦУР. Ввиду того, что, согласно оценке ПРООН, национальные цели развития Узбекистана, изложенные в его стратегиях и программах развития, полностью соответствуют ЦУР в ряде областей, в частности, ЦУР в отношении сокращения нищеты (ЦУР 1), ликвидации голода (ЦУР 2), образования (ЦУР 4), водных ресурсов (ЦУР 6), энергии (ЦУР 7), сокращения неравенства (ЦУР 10) и городов (ЦУР 11), они могут выступать в качестве относительно хороших частичных представительных показателей общих целей Узбекистана в области развития и климата. Вместе с тем другие цели правительства, в частности, в отношении изменения климата, еще не являются полностью совместимыми с ЦУР (UNDP, 2021[42]).

Согласно оценке ЦУР, разрыв между текущими годовыми государственными расходами и финансированием, ежегодно требуемым для достижения этих целей до 2030 года, является значительным. В оценке МВФ до пандемии COVID-19 указывалось, что для достижения ЦУР только в социальной сфере и сфере инфраструктуры (ЦУР 2, 3, 4, 6, 7 и 9) Узбекистану необходимо мобилизовать капитал, эквивалентный 6 млрд долларов США, на дополнительные ежегодные расходы (см. рис. 2.8). По сравнению с уровнями государственных расходов 2019 года это увеличение на 57,6 процента. Это лишь частичная картина потребностей Узбекистана в финансировании ЦУР, поскольку оценки относительно остальных ЦУР, в частности, в отношении городов (11) и изменения климата (13), отсутствовали. Кроме того, вследствие пандемии COVID-19 возникли дополнительные потребности в расходах, которые оцениваются в 4 млрд долларов США (UNDP, 2021[42]). Глобальные оценки подтверждают увеличение разрыва в развивающихся странах в связи с возросшими потребностями в финансировании и сокращением имеющихся потоков финансирования вследствие пандемии. По оценкам ОЭСР, в развивающихся странах годовой дефицит финансирования ЦУР увеличился на 56 процентов с 2,5 трлн долларов США до 3,9 трлн долларов США (OECD, 2022[43]).

Рисунок 2.8. До пандемии COVID-19 разрыв между годовыми расходами на ЦУР и оцениваемыми потребностями в Узбекистане составлял как минимум 6 млрд долларов США

Примечание. Оценки потребностей в отношении ЦУР 1, 5, 8, 10-17 отсутствуют.
Источник: UNDP (2021[42]), Development Finance Assessment of the Republic of Uzbekistan, https://www.undp.org/uzbekistan/publications/development-finance-assessment-republic-uzbekistan.

Еще одна частичная оценка потребностей более целенаправленно сосредоточена на вопросах устойчивости к изменению климата и смягчения его последствий, хотя охват этой оценки ограничивается электроэнергетикой. После 2030 года, по оценке Европейского банка реконструкции и развития (ЕБРР), Узбекистан может добиться углеродной нейтральности своей электроэнергетики, мобилизуя в период с 2030 по 2050 год менее 2 процентов годового ВВП (EBRD, 2021[44]). Согласно оценкам регионального анализа Всемирного банка, охватывающего страны с формирующимся рынком Восточной Европы и Центральной Азии, для обеспечения создания к 2030 году систем инфраструктуры, устойчивых к изменению климата, с низким уровнем выбросов может быть достаточно 8,8 процента регионального ВВП, но оценка потребностей на уровне страны в отношении Узбекистана отсутствует. В эту оценку включены прогнозируемые издержки, связанные с инвестициями в возобновляемые источники энергии и энергоэффективность, смещением видов транспорта в сторону железнодорожного транспорта, общественного транспорта и электромобилей, обеспечением безопасного водоснабжения и санитарии, а также противопаводковой защитой (World Bank, 2019[45]).

Литература

ADB (2019), *Regional Cooperation on Increasing Cross-Border Energy Trading within the Central Asian Power System: Subproject 2: Provision of Solutions to Bottlenecks to the Regional Power Trade*, Asian Development Bank (ADB), https://www.adb.org/sites/default/files/project-documents/52112/52112-003-tasp-en.pdf (accessed on 23 June 2023). [22]

Al Rasasi, M. and E. Cabezon (2022), "Uzbekistan's Transition to Inflation Targeting", *IMF Working Papers 2022*, No. 2022/229, International Monetary Fund (IMF), Washington, D.C., https://www.imf.org/en/Publications/WP/Issues/2022/11/18/Uzbekistan-s-Transition-to-Inflation-Targeting-525745 (accessed on 15 June 2023). [3]

Centre for Economic Research and Reforms (2023), *What is happening with the car market in Uzbekistan: CERR assessed the level of activity*, https://www.cer.uz/en/post/publication/what-is-happening-with-the-car-market-in-uzbekistan-cerr-assessed-the-level-of-activity. [41]

Djunisic, S. (2022), "IFC backs Uzbekistan's plan for up to 500 MW of new wind power", *Renewables Now*, https://renewablesnow.com/news/ifc-backs-uzbekistans-plan-for-up-to-500-mw-of-new-wind-power-782230/ (accessed on 23 June 2023). [33]

EBRD (2021), *A Carbon Neutral Electricity Sector in Uzbekistan: Summary for Policy Makers*, European Bank for Reconstruction and Development (EBRD), https://minenergy.uz/uploads/57c6df8d-6ec0-8362-504a-fb3162895df6_media_.pdf (accessed on 23 June 2023). [44]

Energy Charter (2022), *In-Depth Review of the Energy Efficiency Policy of the Republic of Uzbekistan*, Energy Charter, https://www.energycharter.org/fileadmin/DocumentsMedia/IDEER/IDEER-Uzbekistan_2022__en.pdf (accessed on 23 June 2023). [37]

Government of Kazakhstan (2023), *Об утверждении Стратегии достижения углеродной нейтральности Республики Казахстан до 2060 года [On the adoption of the Strategy for achieving carbon neutrality of the Republic of Kazakhstan to 2060]*, https://adilet.zan.kz/rus/docs/U2300000121. [28]

Government of Uzbekistan (2022), *О мерах по государственной поддержке организации производства элетромобилей [On government support measures to organise the production of electric vehicles]*, https://lex.uz/ru/docs/6316585 (accessed on 23 June 2023). [39]

Government of Uzbekistan (2022), *О мерах по организации деятельности Национального научно-исследовательского института возобновляемых источников энергии при Министерстве энергетики [On measures to organise the activities of the National Scientific Research Institute for Renewable Energy Sources under the Ministry of Energy]*, https://lex.uz/ru/docs/5925093 (accessed on 23 June 2023). [35]

Government of Uzbekistan (2022), *О мерах по повышению эффективности реформ, направленных на переход Республики Узбекистан на «зеленую» экономику до 2023 года [On measures to improve the efficacy of reforms aimed at transitioning the Republic of Uzbekistan to a green economy by 2030]*, https://lex.uz/ru/docs/6303233 (accessed on 21 June 2023). [25]

Government of Uzbekistan (2022), *О Стратегии развития Нового Узбекистана на 2022-2026 годы [On the New Uzbekistan Development Strategy 2022-2026]*, https://lex.uz/ru/docs/5841077 (accessed on 15 June 2023). [24]

Government of Uzbekistan (2021), *О мерах по развитию возобновляемой и водородной энергетики в Республике Узбекистан [On measures to develop renewable and hydrogen energy in the Republic of Uzbekistan]*, https://lex.uz/ru/docs/5362035 (accessed on 23 June 2023). [36]

Government of Uzbekistan (2019), *О Стратегии дальнейшего развития и реформирования электроэнергетической отрасли Республики Узбекистан [On the Strategy for the Further Development and Reform of the Electricity Sector of the Republic of Uzbekistan]*, https://lex.uz/ru/docs/4257085 (accessed on 23 June 2023). [29]

Government of Uzbekistan (2019), *Об утверждении Стратегии развития транспортной системы Республики Узбекистан до 2035 года [On the approval of the Strategy for the Development of the Transport System of the Republic of Uzbekistan until 2035]*, https://regulation.gov.uz/oz/d/3867 (accessed on 23 June 2023). [38]

Hamidov, B. and F. Davletov (2020), “Вызовы теневой экономики [Challenges of the shadow economy]”, *Review.Uz*, https://review.uz/post/vzov-tenevoy-ekonomiki (accessed on 16 June 2023). [6]

IEA (2023), *Energy subsidies: Tracking the impact of fossil-fuel subsidies*, https://www.iea.org/topics/energy-subsidies (accessed on 15 June 2023). [15]

IEA (2022), *SDG7: Data and Projections: Energy intensity*, https://www.iea.org/reports/sdg7-data-and-projections/energy-intensity (accessed on 19 June 2023). [13]

IEA (2022), *Solar Energy Policy in Uzbekistan: A Roadmap*, International Energy Agency (IEA), Paris, https://www.iea.org/reports/solar-energy-policy-in-uzbekistan-a-roadmap (accessed on 23 June 2023). [32]

IEA (2022), *Uzbekistan 2022 Energy Policy Review*, International Energy Agency (IEA), Paris, https://doi.org/10.1787/be7a357c-en (accessed on 19 June 2023). [16]

IEA (2022), *Uzbekistan 2022 Energy Policy Review*, International Energy Agency (IEA), Paris, https://doi.org/10.1787/be7a357c-en (accessed on 19 June 2023). [14]

IMF (2022), *World Economic Outlook Database 2022*, World Economic Outlook database: October 2022, https://www.imf.org/en/Publications/WEO/weo-database/2022/October/weo-report (accessed on 15 June 2023). [9]

Investment Promotion Agency (2023), *Узбекистан в международных рейтингах [Uzbekistan in international ratings]*, https://invest.gov.uz/ru/investor/uzbekistan-v-mezhdunarodnyh-rejtingah/ (accessed on 15 June 2023). [10]

ITF (2019), *Enhancing Connectivity and Freight in Central Asia*, International Transport Forum (ITF), Paris, https://www.itf-oecd.org/sites/default/files/docs/connectivity-freight-central-asia_2.pdf (accessed on 23 June 2023). [23]

Kapital.Kz (2022), "В Узбекистане планируют производить до 25 тысяч электромобилей в год [Uzbekistan plans to produce up to 25 thousand electric vehicles annually]", *Kapital.Kz*, https://kapital.kz/world/110771/v-uzbekistane-planiruyut-proizvodit-do-25-tysyach-elektromobiley-v-god.html (accessed on 23 June 2023). [40]

Kun.Uz (2021), "В Узбекистане создается оптовый рынок электроэнергии [A wholesale electricity market is being established in Uzbekistan]", *Kun.Uz*, https://kun.uz/ru/news/2021/06/16/v-uzbekistane-sozdayetsya-optovyy-rynok-elektroenergii (accessed on 23 June 2023). [31]

Lillis, J. (2023), "Fueling energy woes, Uzbekistan sees drop in gas output", *Eurasianet*, https://eurasianet.org/fueling-energy-woes-uzbekistan-sees-drop-in-gas-output (accessed on 19 June 2023). [17]

Ministry of Finance (2022), "The State of Debt of the Republic of Uzbekistan for the 1st Quarter of 2022", https://api.mf.uz/media/post_attachments/1kv_2022_eng.pdf (accessed on 15 June 2023). [11]

OECD (2022), *Global Outlook on Financing for Sustainable Development 2023: No Sustainability without Equity*, OECD, Paris, https://doi.org/10.1787/fcbe6ce9-en (accessed on 23 June 2023). [43]

OECD (2022), *Global Outlook on Financing for Sustainable Development 2023: No Sustainability without Equity*, OECD, Paris, https://doi.org/10.1787/fcbe6ce9-en (accessed on 23 June 2023). [46]

Regional Electrical Networks (2019), *Стратегия развития распределительных электрических сетей в Республике Узбекистан до 2025 года [Strategy for the Development of Electricity Distribution Networks in the Republic of Uzbekistan to 2025]*, "Regional Electrical Networks" Joint-Stock Company, Tashkent, https://het.uz/uploads/e2dff98e-6eb9-2c89-3ff6-2bc23943bbe7_media_.pdf (accessed on 22 June 2023). [21]

Toshkent Republican Stock Exchange (2023), "2022 Exchange Review", https://uzse.uz/system/analytics/pdfs/000/000/154/original/Exchange_review_for_full_year_2022.pdf?1676883361 (accessed on 21 June 2023). [26]

Turkstra, A. (2021), "The Last Frontier: Energy investments in Uzbekistan reach new heights", *Euractiv*, https://www.euractiv.com/section/central-asia/opinion/the-last-frontier-energy-investments-in-uzbekistan-reach-new-heights/ (accessed on 23 June 2023). [30]

UNDP (2021), *Development Finance Assessment for the Republic of Uzbekistan*, United Nations Development Programme (UNDP), https://www.undp.org/uzbekistan/publications/development-finance-assessment-republic-uzbekistan (accessed on 23 June 2023). [42]

UNECE (2020), *Third Environmental Performance Review of Uzbekistan*, United Nations Economic Commission for Europe, Geneva, https://unece.org/environment-policy/publications/3rd-environmental-performance-review-uzbekistan (accessed on 12 June 2023). [2]

Uzhydromet (2021), *First Biennial Update Report (BUR) of the Republic of Uzbekistan*, Centre of Hydrometeorological Service of the Republic of Uzbekistan (Uzhydromet), Tashkent, https://unfccc.int/sites/default/files/resource/FBURUZeng.pdf (accessed on 12 June 2023). [5]

UzStat (2023), *National Accounts: Volume of gross domestic product by types of economic activities*, https://stat.uz/en/official-statistics/national-accounts (accessed on 12 June 2023). [7]

UzStat (2023), *Промышленность: Установленная мощность электростанций [Industry: Installed power station capacity]*, https://stat.uz/ru/ofitsialnaya-statistika/industry (accessed on 23 June 2023). [34]

UzStat (2022), *Foreign economic activity 2022*, Statistics Agency under the President of the Republic of Uzbekistan (UzStat), Tashkent, https://stat.uz/en/quarterly-reports/21530-2022-eng#january-december (accessed on 16 June 2023). [8]

Wæhler, T. and E. Dietrichs (2017), "The vanishing Aral Sea: health consequences of an environmental disaster", *Tidskriftet for den Norske Legeforening [Journal of the Norwegian Medical Association]*, Vol. 137/18, https://tidsskriftet.no/en/2017/10/global-helse/vanishing-aral-sea-health-consequences-environmental-disaster (accessed on 16 June 2023). [19]

World Bank (2023), *World Development Indicators (database)*, World Bank Open Data, https://data.worldbank.org/ (accessed on 26 October 2018). [1]

World Bank (2022), *Towards a Prosperous and Inclusive Future: The Second Systematic Country Diagnostic of Uzbekistan*, World Bank, Washington, D.C., https://documents1.worldbank.org/curated/en/933471650320792872/pdf/Toward-a-Prosperous-and-Inclusive-Future-The-Second-Systematic-Country-Diagnostic-for-Uzbekistan.pdf (accessed on 22 June 2023). [20]

World Bank (2022), *Политические диалоги — «Зеленый» рост и изменение климата в Республике Узбекистан: Сборник информационных материалов [Political dialogues - Green growth and climate change in the Republic of Uzbekistan: Collection of informational materials]*, World Bank, Washington, D.C., https://documents1.worldbank.org/curated/en/099905106302277935/pdf/P170870007081a02e0a17c025c451ef6594.pdf (accessed on 15 June 2023). [12]

World Bank (2021), *Assessing Uzbekistan's Transition: Country Economic Memorandum*, World Bank, Washington, D.C., https://documents1.worldbank.org/curated/en/862261637233938240/pdf/Full-Report.pdf (accessed on 22 June 2023). [4]

World Bank (2019), *Beyond the Gap – How Countries Can Afford the Infrastructure They Need while Protecting the Planet*, World Bank, Washington, D.C., https://www.worldbank.org/en/topic/publicprivatepartnerships/publication/beyond-the-gap---how-countries-can-afford-the-infrastructure-they-need-while-protecting-the-planet (accessed on 23 June 2023). [45]

World Bank Group and ADB (2021), *Climate Risk Country Profile: Uzbekistan*, World Bank Group and the Asian Development Bank (ADB), Washington, D.C. and Manila, https://www.adb.org/sites/default/files/publication/736686/climate-risk-country-profile-uzbekistan.pdf (accessed on 15 June 2023). [18]

World Resources Institute (2023), *Climate Watch Historical GHG Emissions (1990-2020)*, https://www.climatewatchdata.org/ghg-emissions (accessed on 21 June 2023). [27]

3 Финансирование переходного процесса. Наличие капитала

В настоящей главе охарактеризован в общих чертах внутренний и международный государственный и частный капитал, который Узбекистан может использовать для финансирования своих целей повышения уровня жизни и быстрого сокращения выбросов ПГ, а также оцениваемого разрыва между текущими расходами и потоками финансирования, которые необходимы. Потоки внутреннего государственного финансирования, в основном из государственного бюджета, и потоки международного государственного финансирования от многосторонних и двусторонних доноров являются важнейшими источниками финансирования Узбекистана в области развития и климата, но имеются все более широкие возможности для использования развивающегося рынка ценных бумаг страны, а также для привлечения внутренних и международных источников финансирования. Ввиду бюджетных ограничений переходный процесс таких масштабов невозможно обеспечить без увеличения финансирования со стороны частного сектора и более эффективного использования имеющихся ресурсов.

Вставка 3.1. Основные выводы и рекомендации

- Узбекистан опирается на государственные расходы в большей степени, чем сопоставимые страны категории стран с доходами ниже средних. Хотя внутреннее частное финансирование увеличилось, Узбекистану необходимо использовать большие объемы внутреннего и международного частного финансирования.
- Инвестиционный климат в Узбекистане улучшился с тех пор, как в 2017 году страна начала проводить реформы в области валютного курса и либерализации рынка. С тех пор потоки внутреннего частного финансирования и потоки международного частного финансирования существенно возросли.
- Последние крупномасштабные проекты производства электроэнергии из солнечной и ветровой энергии были реализованы за счет инвестиционного капитала. При том что на настоящий момент такие проекты финансируются за счет простых кредитов, а не «зеленых» кредитов или «зеленых» облигаций, долговые инструменты могут быть полезными для рефинансирования кредитов. Включение будущих аналогичных проектов, имеющих аналогичный охват, в выпуск «зеленых» облигаций представляется посильной задачей.
- С 2019 года Узбекистан выпустил десять облигаций на международных рынках, в частности, суверенную облигацию устойчивости с лежащими в ее основе проектами, способствующими достижению Целей в области устойчивого развития (ЦУР), суверенную «зеленую» облигацию и корпоративную «зеленую» облигацию. По сравнению с другими источниками иностранного капитала портфельные инвестиции составляют лишь небольшую долю, и имеются значительные возможности для их роста посредством дальнейших эмиссий долговых инструментов.

3.1. Наличие капитала в Узбекистане

Внутреннее государственное финансирование, при том что оно составляет значительную долю совокупного имеющегося финансирования для целей в области развития и климата, является не единственным источником финансирования, имеющимся в распоряжении Узбекистана. В период с 2017 по 2020 год внутренние государственные источники составляли 40 процентов финансовых ресурсов, имевшихся в распоряжении Узбекистана, они дополнялись внутренними частными источниками (33 процента), международными частными источниками (18 процентов) и международными государственными источниками, как многосторонними, так и двусторонними (9 процентов) (UNDP, 2021[1]).

В нижеследующих разделах приведен общий обзор наличия в Узбекистане капитала из этих четырех категорий источников и того, как они могут лучше всего способствовать устойчивому переходу Узбекистана к «зеленой» экономике. В частности, содействие потокам внутреннего частного финансирования путем проведения целенаправленных реформ дает возможность не только устранить дефицит финансирования, но и далее развивать внутренний рынок капитала Узбекистана (см. главу 4 «Структура и система регулирования финансового сектора Узбекистана»).

3.1.1. Потоки внутреннего государственного финансирования

Уровень государственных расходов в Узбекистане выше, чем во многих сопоставимых странах. По сравнению с другими странами с доходами ниже средних расходы консолидированных органов государственного управления Узбекистана были приблизительно на 7 процентных пунктов выше, что объяснялось относительно большой ролью государства в экономической модели страны. В 2020 году расходы консолидированных органов государственного управления как доля ВВП составляли 35 процентов — приблизительно на 7 процентных пунктов выше, чем в среднем в других странах с доходами ниже средних (World Bank, 2021[2]).

Имеющиеся государственные финансы Узбекистана поступают из доходов государственного бюджета (налогов и прочих доходов), двадцати четырех целевых государственных фондов, Фонда реконструкции и развития Республики Узбекистан, а также внебюджетных фондов и организаций. Кроме того, в Узбекистане существует созданный в 2017 году специальный экологический фонд — Фонд экологии, охраны окружающей среды и обращения с отходами (Government of Uzbekistan, 2017[3]). Ожидается, что консолидированный государственный бюджет Узбекистана составит в 2023 году 310,7 трлн узбекских сумов (или приблизительно 27 млрд долларов США), в 2024 году 353,7 трлн узбекских сумов (31 млрд долларов США) и в 2025 году 397,2 трлн узбекских сумов (35 млрд долларов США). В 2023 году три четверти бюджета обеспечивается за счет доходов государственного бюджета, остальную часть бюджета составляют государственные целевые фонды (13 процентов), внебюджетные счета бюджетных организаций (8 процентов) и Фонд реконструкции и развития Республики Узбекистан (4 процента) (см. рис. 3.1). Согласно бюджету на 2023 год, в течение следующих трех лет в Узбекистане будет существовать плановый дефицит бюджета в размере приблизительно 10 процентов (Government of Uzbekistan, 2023[4]). В результате масштабных налоговых реформ, способствующих более эффективному сбору налогов, в последние годы Узбекистан постепенно расширил доходы консолидированного бюджета. Бюджетный портфель 2020 года был эквивалентен 26,9 процента ВВП, а в 2021 году он достиг 28 процентов ВВП (UNDP, 2021[1]).

Рисунок 3.1. Государственные финансы Узбекистана состоят из доходов государственного бюджета и большого числа государственных фондов

Оцениваемый консолидированный государственный бюджет Узбекистана в долларах США, 2023 год

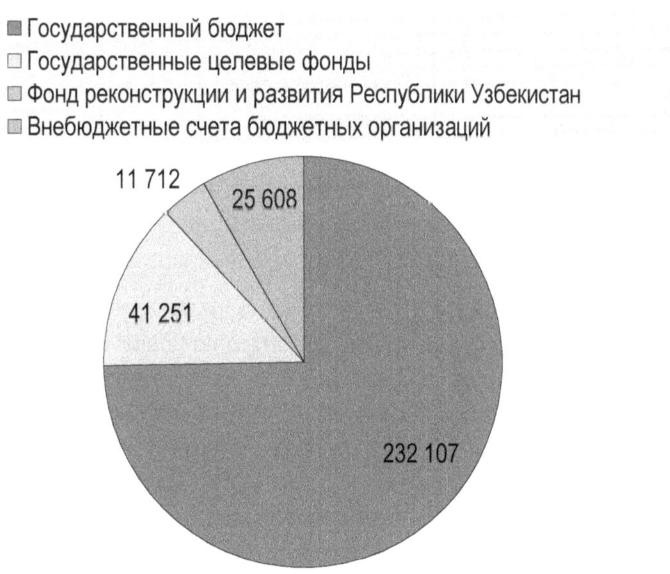

Источник: Government of Uzbekistan (2023[4]), О государственном бюджете Республики Узбекистан на 2023 год [On the state budget of the Republic of Uzbekistan for 2023], https://lex.uz/ru/docs/6333242.

Для финансирования прогресса Узбекистана в достижении целей в области развития и климата реально доступна лишь часть государственного бюджета. В 2022 году почти половина бюджета выделялась на социальные расходы (например, на сферы здравоохранения и образования), при этом программы развития в целом и расходы на реальную экономику составляли, соответственно, 12,5 процента и 11,3 процента (UNDP, 2020[5]). Ввиду размера дефицита финансирования для достижения целей Узбекистана в области развития и климата Узбекистану необходимо находить финансирование за пределами внутренней государственной сферы. Вместе с тем еще имеются возможности для повышения эффективности и степени воздействия внутренних государственных расходов для решения приоритетных задач страны.

С 2022 года Узбекистан начал внедрять «зеленое» бюджетирование и бюджетирование ЦУР в системе управления государственными финансами страны (UNDP, 2022[6]). Согласно маркировке ЦУР бюджета на 2022 год, по оценкам Узбекистана, 71 процент расходов государственного бюджета непосредственно относился к финансированию достижения ЦУР. При этом, если социальные ЦУР, такие как ЦУР 1 (нищета), ЦУР 3 (здоровье) и ЦУР 4 (образование), хорошо поддерживались финансированием (в размере, соответственно, 5,1 трлн узбекских сумов, 14,9 трлн узбекских сумов и 33,1 трлн узбекских сумов), то на ЦУР, связанные с «зеленым» переходом, выделялись значительно более низкие уровни финансирования. Узбекистан выделил лишь 99 млрд узбекских сумов на проекты, содействующие достижению ЦУР 13 (борьба с изменением климата), 196 млрд узбекских сумов на ЦУР 15 (жизнь на суше) и 25 млрд узбекских сумов на ЦУР 7 (энергия). Некоторые ЦУР в отношении инфраструктуры, такие как ЦУР 6 (вода и санитария, 5,6 трлн узбекских сумов), ЦУР 9 (инфраструктура и индустриализация, 5,1 трлн узбекских сумов) и ЦУР 11 (города, 9,4 трлн узбекских сумов), получали более крупные доли государственного финансирования (UNDP, 2020[5]). Для достижения ЦУР в отношении климата и окружающей среды, а также целей Узбекистана в области климата требуется значительное дополнительное финансирование, но определенные аспекты стратегии перехода Узбекистана могут привлечь частные финансовые потоки, особенно инфраструктурные проекты в сфере возобновляемых источников энергии и экологически чистого транспорта, а не создавать дополнительную нагрузку на национальный бюджет.

3.1.2. Внутренние частные финансовые потоки

Внутренние частные финансовые потоки являются все более важным источником финансирования в области развития в Узбекистане. Они возросли с примерно 20 трлн узбекских сумов (приблизительно 1,8 млрд долларов США) (примерно 18,5 процента ВВП) в 2013 году до 140 трлн узбекских сумов (12,3 млрд долларов США) (более 21 процента ВВП) в 2018 году. Это резкое увеличение отчасти объясняется усилиями правительства по либерализации рынка и проведению реформ, но в 2018 году более половины инвестиций осуществлялось за счет кредитов, предоставленных государственными банками на льготных условиях (UNDP, 2021[1]).

В последние годы коммерческие банки Узбекистана, большинство из которых находятся в полной или частичной государственной собственности, расширяют свои кредитные портфели. В период с 2018 по 2019 год объемы кредитов возросли на 52,5 процента со 135 трлн узбекских сумов (приблизительно 11,8 млрд долларов США) до 224 трлн узбекских сумов (19,6 млрд долларов США). Банки Узбекистана обладают потенциалом для осуществления инвестиций внутри страны, и несколько банков, прежде всего «Узпромстройбанк» (SQB), начали инвестировать в «зеленые» проекты. Однако считается, что банковский сектор является чрезмерно бюрократичным и не принимает риски, и это часто ведет к тому, что предприниматели и более малые компании находят другие источники частного финансирования на неофициальных рынках кредитования (UNDP, 2021[1]).

Внутренние частные финансовые потоки дополнительно ограничиваются недостаточно развитым внутренним рынком капитала Узбекистана. В 2018 году капитализация рынка в Узбекистане составляла лишь 3,2 млрд долларов США, находясь приблизительно на таком же уровне, как в

Эстонии (2,9 млрд долларов США), несмотря на значительно меньшую экономику (примерно половина объема ВВП Узбекистана) и численность населения этой страны (чуть менее 4 процентов численности населения Узбекистана). Капитализация рынка Узбекистана также является намного более узкой, чем капитализация рынка соседнего Казахстана (45,4 млрд долларов США), но значительно более емкой, чем капитализация рынка других стран Центральной Азии, таких как Кыргызстан (0,3 млрд долларов США) и Таджикистан (0,5 млрд долларов США) (EBRD, 2018[7]). Правительство планирует далее развивать национальный рынок капитала и к 2023 году достичь капитализации рынка, равной 5 процентам ВВП, и объема корпоративных облигаций общей стоимостью 3,94 трлн узбекских сумов (приблизительно 345,6 млрд долларов США) (0,5 процента ВВП). Кроме того, правительство ставит задачу финансировать 5 процентов территориальных инвестиционных программ путем выпуска ценных бумаг (Government of Uzbekistan, 2021[8]).

Рынок ценных бумаг Узбекистана разделен между двумя платформами. Государственные ценные бумаги (в 2022 году 71 процент объема трейдинговых операций) обращаются на Узбекской республиканской валютной бирже (УзРВБ), а Республиканская фондовая биржа «Тошкент» (РФБТ) управляет торговлей котируемыми акциями и корпоративными облигациями. На третьей, более малой платформе для внебиржевой торговли Elsis Savdo до недавнего времени продавались некотируемые ценные бумаги, но в начале 2023 года ее лицензия была отозвана для подготовки создания платформы для внебиржевой торговли в составе РФБТ (Yerzikov, 2023[9]). Однако основной объем корпоративных ценных бумаг в Узбекистане (76 процентов трейдинговых операций с корпоративными ценными бумагами и 11 процентов совокупного объема трейдинговых операций с ценными бумагами в 2022 году) обращается на неорганизованном децентрализованном внебиржевом рынке посредством неформальных сетей брокеров-дилеров (см. рис. 3.2).

Рисунок 3.2. Государственные ценные бумаги преобладают на рынке ценных бумаг Узбекистана, и основной объем корпоративных ценных бумаг обращается на внебиржевом рынке

Трейдинговые операции с ценными бумагами в Узбекистане, январь–сентябрь 2022 года

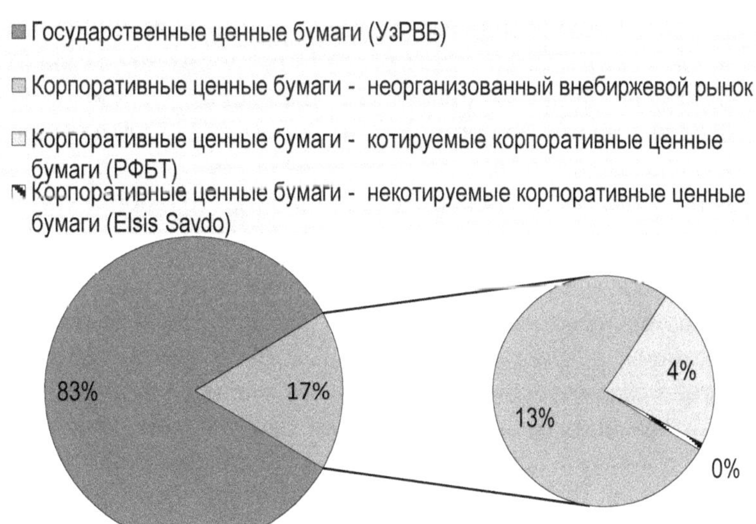

Источник: Central Securities Depository (2022[10]).

По состоянию на октябрь 2022 года казначейские векселя и внутренние государственные облигации в обращении составляли в совокупности 25,3 трлн узбекских сумов (2,3 млрд долларов США), в том числе казначейские векселя и внутренние государственные облигации на сумму лишь 3,9 трлн узбекских сумов (0,35 млрд долларов США) имеют срок погашения более одного года. Следовательно, рынок корпоративных облигаций является небольшим и узким и составляет менее 0,2 процента ВВП: по состоянию на 1 октября 2022 года в обращении находилось всего 24 эмиссии корпоративных облигаций совокупной номинальной стоимостью 1 трлн узбекских сумов (90 млн долларов США). Спрос на финансовые инструменты является слабым. Число инвесторов невелико, это в основном государственные коммерческие банки на рынке ценных бумаг с фиксированным доходом, покупающие прежде всего государственные ценные бумаги на аукционах, проводимых Узбекской республиканской валютной биржей, и/или корпоративные облигации посредством частных размещений (Central Securities Depository, 2022[10]).

В том что касается спроса, в Узбекистане отсутствуют институциональные инвесторы. Финансовые субъекты, выступающие в качестве институциональных инвесторов в других странах (такие как страховые компании и пенсионные фонды), играют ограниченную роль в финансировании государственных и корпоративных облигаций из-за отсутствия средств для инвестирования. На рынке функционирует всего девять инвестиционных фондов, в том числе два приватизационных инвестиционных фонда, и пенсионные фонды и частные инвестиционные фонды не участвуют в рынках капитала (Central Securities Depository, 2022[10]).

Страховые компании в Узбекистане предпочитают банковские депозиты и недвижимость в связи с высокими процентными ставками и поскольку инвестиционный горизонт страховых компаний ограничивается средней дюрацией их обязательств (то есть страховых продуктов и полисов), составляющей в среднем 12 месяцев, даже в случае продуктов страхования жизни. Страховой сектор является небольшим и не ведет деятельности на рынках капитала.

Национальный Пенсионный фонд является внебалансовым и представляет собой распределительную пенсионную систему с установленным размером пособий, которой управляет Министерство экономики и финансов. Государственный Народный банк является единственным банком в Узбекистане, имеющим право получать средства накопительного пенсионного обеспечения (НПО) физических лиц, накапливать эти средства и распоряжаться ими в соответствии с законом 2004 года «О накопительном пенсионном обеспечении граждан» (Government of Uzbekistan, 2004[11]). Пенсионный фонд имеет ограниченные инвестиционные возможности при наличии «свободных средств» в размере всего около 5 трлн узбекских сумов (0,483 млрд долларов США). Тип и объем осуществляемых инвестиций определяются Министерством экономики и финансов и Центральным банком. По состоянию на 1 января 2022 года Народный банк выделял накопленный капитал пенсионного фонда в основном на государственные ценные бумаги (53,9 процента), срочные депозиты (29,4 процента) и кредиты (16,6 процента). Средняя процентная ставка по распределениям накопленного капитала составляет 14 процентов (EY, 2022[12]).

Основным объектом инвестиций отечественных институциональных инвесторов являются краткосрочные государственные ценные бумаги и государственные коммерческие банки при осуществлении инвестиций в форме краткосрочных 6-месячных банковских депозитов, что ограничивает содействие развитию финансового рынка. Наличие институциональных инвесторов содействует росту капитализации рынка акционерного капитала, и их участие в кривой доходности рынка государственных облигаций всего спектра сроков погашения имеет важнейшее значение для содействия развитию рынка. Существование разнообразной базы инвесторов также снижает стоимость займов и волатильность рыночной доходности.

В ноябре 2020 года капитализация Республиканской фондовой биржи «Тошкент» (РФБТ), крупнейшей фондовой биржи страны, превысила 5 млрд долларов США, и повысился уровень новых листингов на бирже (за первые десять месяцев 2020 года 41 новая компания зарегистрировала акции на бирже по сравнению с лишь 23 новыми компаниями за такой же период 2019 года) (UzReport.News, 2020[13]). К 2022 году в торгах на РФБТ участвовали 110 компаний

(Toshkent Republican Stock Exchange, 2023[14]). Хотя рынок остается небольшим, количество трейдинговых сделок быстро возросло (см. рис. 3.3), но по сравнению с фондовыми биржами соседних Казахстана и России трейдинговая активность на РФБТ является вялой (Dettoni, 2019[15]). Кроме того, хотя число сделок возросло, совокупный объем трейдинговых операций увеличился лишь незначительно, и основная активность сконцентрирована в нескольких секторах, в основном в сфере строительства и банковском секторе (см. рис. 3.4). Большинство сделок, связанных с банковскими операциями, приходится на государственные банки, которые обязаны регистрироваться на бирже (Dettoni, 2019[15]).

Рисунок 3.3. Количество сделок на РФБТ быстро возросло, особенно в сфере строительства и банковском секторе

Количество сделок по секторам, 2021–2022 годы

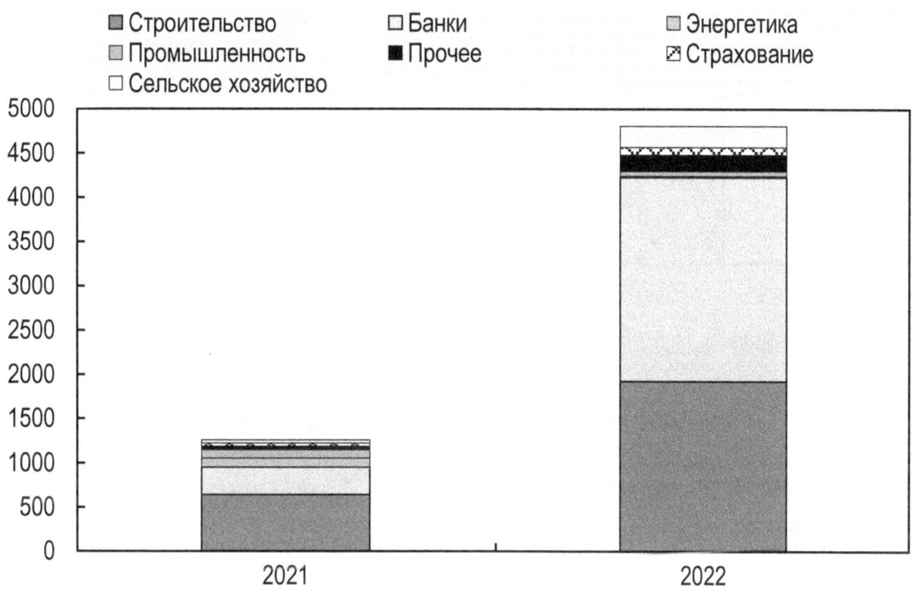

Источник: UZSE (2023[14]), Trade Statistics, https://www.uzse.uz/abouts/itogitorg.

Рисунок 3.4. Объемы трейдинговых операций незначительно возросли на РФБТ, но по-прежнему сконцентрированы в сфере строительства, банковском секторе и промышленности

Объем трейдинговых операций по секторам в миллиардах узбекских сумов, 2021–2022 годы

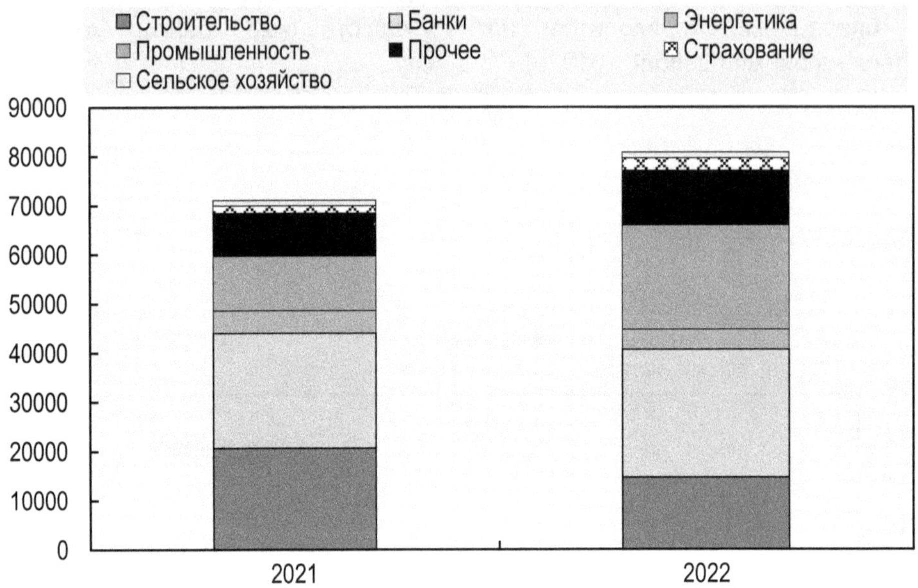

Источник: UZSE (2023[14]), Trade Statistics, https://www.uzse.uz/abouts/itogitorg.

Энергетика, транспорт и промышленность — сектора, в значительной степени влияющие на выбросы ПГ Узбекистана — составляют лишь часть совокупного объема трейдинговых операций на бирже (соответственно, 1,9 процента, 0,001 процента и 2,5 процента) (Toshkent Republican Stock Exchange, 2023[14]). По мере того как РФБТ будет развиваться, корпоративные ценные бумаги, выпускаемые компаниями в секторах с высокой отдачей для «зеленого» перехода Узбекистана, могут быть дополнительным источником финансирования «зеленых» проектов.

3.1.3. Потоки международного государственного финансирования

Потоки международного государственного финансирования от многосторонних банков развития (МБР) и двусторонних доноров являются важнейшим источником финансирования проектов в области развития Узбекистана. Узбекистан отвечает установленным критериям получения как грантов, так и кредитов на льготных условиях финансирования в области развития. Ввиду возобновления интереса международного сообщества к Узбекистану после последнего этапа реформ рекомендации в области политики и техническая помощь международных организаций по финансированию в области развития, особенно в сфере управления государственными финансами, принесут пользу усилиям Узбекистана по развитию частного сектора и осуществлению «зеленого» перехода.

Узбекистан получает как официальную помощь в целях развития (ОПР), так и прочие официальные потоки (ПОП). Комитет содействия развитию (КСР) ОЭСР определяет ОПР как потоки территориям, включенным в Перечень получателей ОПР КСР со стороны официальных агентств, содействующих экономическому развитию, содержащие безвозмездный элемент, который определяется уровнем доходов страны-получателя. В случае Узбекистана, страны с доходами ниже средних, 15 процентов двустороннего кредита должны быть структурированы в форме гранта, чтобы кредит мог быть отнесен к ОПР. ПОП представляют собой операции, не отвечающие этим критериям ввиду либо меньшей безвозмездной составляющей, либо упора на содействие экспорту, а не на экономическое развитие. С 2012 года ПОП превосходят ОПР в качестве основного источника международного государственного финансирования Узбекистана. В период с 2002 по 2018 год на МБР приходилось 85 процентов совокупных ПОП: Азиатский банк развития (45 процентов) являлся крупнейшим кредитором, за ним следовали Международный банк реконструкции и развития (15 процентов), Исламский банк развития (12 процентов), Международная ассоциация развития (9 процентов) и Европейский банк реконструкции и развития (4 процента). В течение этого же периода единственным двусторонним источником ПОП была Корея, на которую приходилось 15 процентов совокупных потоков (UNDP, 2021[1]).

По состоянию на октябрь 2022 года льготные кредиты (ОПР и некоторые ПОП) от международных финансовых организаций составляли 11,3 млрд долларов США (49 процентов) совокупного государственного внешнего долга Узбекистана, а задолженность перед двусторонними кредиторами (в том числе перед Китаем, крупным донором, не включенным в базу данных КСР) была равна 9,3 млрд долларов США (40 процентов). Государственный внешний долг, состоящий в основном из кредитов от многосторонних и двусторонних доноров, направляется главным образом на поддержку бюджета (в 2022 году 6,6 млрд долларов США), а также на оказание адресной поддержки ключевым секторам: сектору нефти и газа (2,9 млрд долларов США), электроэнергетике (2,7 млрд долларов США), сельскому хозяйству и водному хозяйству (2,5 млрд долларов США), транспортному сектору (2,4 млрд долларов США) (Ministry of Finance, 2022[16]).

Согласно базе данных Комитета содействия развитию (КСР) ОЭСР, в период с 2010 по 2021 год крупнейшими многосторонними донорами Узбекистана были Группа Всемирного банка (2,2 млрд долларов США) и Азиатский банк развития (1,3 млрд долларов США), а Япония является самым значительным двусторонним донором Узбекистана (1,8 млрд долларов США) (см. рис. 3.5). К другим крупным донорам КСР относятся Франция (451 млн долларов США), Корея (384 млн долларов США), Германия (250 млн долларов США) и организации ЕС (249 млн долларов США). Среди доноров, не являющихся членами КСР, отслеживаемых в базе данных КСР ОЭСР, в течение того же периода крупнейшими донорами были Турция (81 млн долларов США), Кувейт (64 млн долларов США) и Объединенные Арабские Эмираты (62 млн долларов США). Среди многосторонних доноров организации Организации Объединенных Наций предоставили ОПР в размере 190 млн долларов США, Международный валютный фонд предоставил 128 млн долларов США, и Исламский банк развития предоставил 12 млн долларов США (OECD, 2023[17]).

Рисунок 3.5. Группа Всемирного банка, Азиатский банк развития и Япония являются крупнейшими международными донорами Узбекистана

Чистые фактические предоставления ОПР Узбекистану в миллионах долларов США, 2010-2021 годы

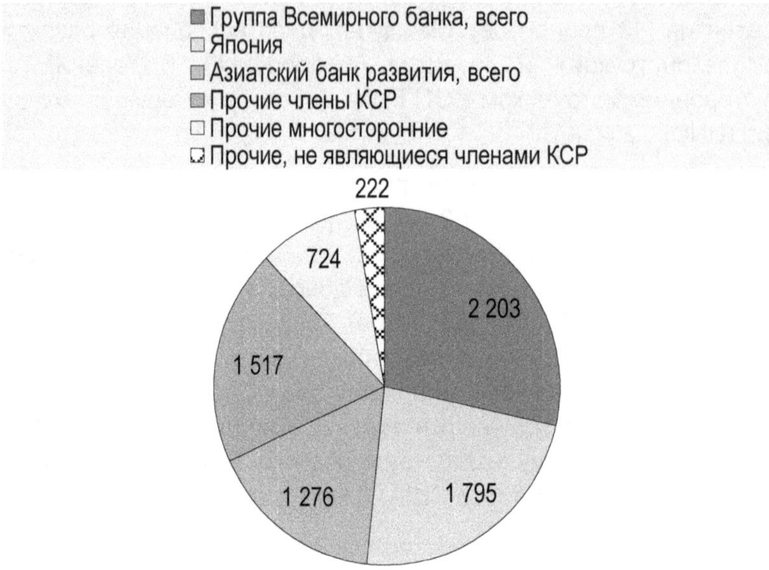

Источник: OECD (2023[17]), статистика КСР, https://www.oecd.org/dac/financing-sustainable-development/development-finance-data/idsonline.htm.

МБР служат важным источником финансирования в области развития в Узбекистане, особенно проектов в области климата. Узбекистан является основным получателем финансирования в области климата от МБР в Центральной Азии, в период с 2015 по 2019 год получившим 49 процентов (4,4 млрд долларов США) совокупного финансирования, фактически предоставленного в регионе. Всемирный банк и Азиатский банк развития сосредоточили свою деятельность в отношении климата на энергоэффективности, возобновляемых источниках энергии, жилье в сельской местности, устойчивом сельском хозяйстве, смягчении последствий изменения климата, водоснабжении, транспорте и модернизации гидрометеорологических служб. Европейский банк реконструкции и развития (ЕБРР) поддерживает реформы в сфере обращения с твердыми отходами и водных ресурсов в Ташкенте, и три узбекских банка («Ипак Йули», «Узпромстройбанк» (SQB) и «Хамкорбанк») уже присоединились к пилотному Механизму финансирования «зеленой» экономики (МФЗЭ) ЕБРР. В рамках программы МФЗЭ все три банка выступают в качестве местных партнеров, получающих кредитную линию общим объемом 60 млн долларов США для перекредитования частным компаниям. Кредиты покроют инвестиции в экологически чистые технологии, такие как теплоизоляция, солнечные фотоэлектрические панели, геотермальные тепловые насосы и водосберегающие оросительные системы (UNDP, 2021[1]). С 2016 года Узбекистан начал реализацию четырех проектов стоимостью 105,9 млн долларов США при поддержке Зеленого климатического фонда (ЗКФ) (GCF, n.d.[18]).

Несколько международных организаций также ведут деятельность в Узбекистане по финансируемым донорами проектам в области климата. Программа развития Организации Объединенных Наций (ПРООН) в основном поддерживает средние проекты и малые гранты посредством Глобального экологического фонда (ГЭФ) и Адаптационного фонда, уделяя основное внимание энергоэффективности зданий. Кроме того, ПРООН провела предварительное технико-экономическое обоснование относительно использования исламского финансирования в целях «зеленого» перехода, которое помогло определить барьеры для внедрения инструментов «зеленого» исламского финансирования, таких как «зеленые» сукук. Продовольственная и сельскохозяйственная организация (ФАО) поддерживает проекты в сфере лесов, сельского хозяйства и климата (UNDP, 2021[1]).

Организации ЕС расширили свое присутствие в качестве донора в Узбекистане. В период 2014–2020 годов они предоставили финансирование в размере 168 млн евро для поддержки устойчивого развития. В центре внимания ЕС находится развитие сельской местности и сельское хозяйство, но ЕС также тесно работает с правительством Узбекистана над совершенствованием управления секторами и реформой государственного управления. Посредством Механизма инвестиций для Центральной Азии (МИЦА) ЕС Европейский инвестиционный банк (ЕИБ) и двусторонние партнеры финансируют ключевые инфраструктурные проекты. В Узбекистане МИЦА совместно с ЕИБ и *Agence française de développement* (Агентством Франции по развитию (АФД)) финансирует суверенные кредиты по проектам в водном хозяйстве, энергетике, сфере обращения с твердыми отходами и экологической инфраструктуры, в том числе техническую помощь национальным официальным органам и укрепление их потенциала. В период с 2014 по 2019 год гранты МИЦА ЕС в размере 33,5 млн евро помогли привлечь кредиты от ЕИБ и АФД в объеме 780 млн евро. Посредством МИЦА ЕС стремится способствовать достижению ЦУР в отношении чистой воды и санитарии, недорогой экологически чистой энергии и принятия мер по борьбе с изменением климата (UNDP, 2021[1]).

На настоящий момент Европейский банк реконструкции и развития (ЕБРР) инвестировал в Узбекистане в общей сложности 3,8 млрд евро. Текущий портфель ЕБРР составляет 2,6 млрд евро, распределенные между 84 продолжающимися проектами. Стратегическими приоритетами работы ЕБРР в Узбекистане являются: i) повышение конкурентоспособности путем укрепления роли частного сектора в экономике; ii) содействие «зеленым» энергоресурсам; iii) поддержка регионального и международного сотрудничества и интеграции (EBRD, 2023[19]).

Япония, крупнейший донор Узбекистана в рамках КСР, предоставляет более 90 процентов поддержки в форме кредитов. Три сферы представляют для нее первоочередной интерес в Узбекистане. Во-первых, она ставит задачу поддерживать развитие экономической инфраструктуры Узбекистана, особенно энергетики и транспортного сектора. Во-вторых, Япония содействует развитию человеческого капитала и институциональному развитию для перехода к рыночной экономике, а также для экономического и промышленного развития. В-третьих, ее внимание сосредоточено на сельском хозяйстве, региональном развитии и здравоохранении (Government of Japan, 2017[20]).

Китай, не включенный в базу данных КСР, также стал крупным двусторонним донором Узбекистана. В период с 2000 по 2017 год Китай выделил финансирование в размере 12,7 млрд долларов США для поддержки Узбекистана. Финансирование в размере 8,9 млрд долларов США (70 процентов) имело форму финансовых потоков, подобных ПОП, а 20 процентов финансирования (2,5 млрд долларов США) было сопоставимо с ОПР с точки зрения льготных условий. Условия остального финансирования (1,7 млрд долларов США, или 10 процентов) невозможно было определить. Основной объем поддержки по всем категориям (89 процентов финансирования, подобного ОПР, 74 процента финансирования, подобного ПОП, и 87 процентов потоков, не отнесенных ни к одной из категорий) оказывали государственные директивные банки (например, Китайский банк развития, Экспортно-импортный банк Китая, Промышленный и коммерческий банк Китая). Официальные потоки от Китая сконцентрированы в промышленности, горнодобывающей промышленности и строительстве (4,1 млрд долларов США, или 32,6 процента), за которыми следуют энергетика (1,9 млрд долларов США, или 15,1 процента), банковский сектор и финансовые услуги (1,7 млрд долларов США, или 13,5 процента). Распределение поддержки по секторам в целом аналогично по различным видам поддержки, но транспортный сектор и сфера хранения получили более крупную долю поддержки, подобной ОПР (24,3 процента совокупного финансирования, подобного ОПР).

Проекты являются весьма различными в том, что касается их воздействия на окружающую среду: от выбросоемких проектов поддержки угольной и газовой промышленности и строительства нескольких цементных заводов до расширения новых генерирующих мощностей гидроэнергетики и повышения энергоэффективности и надежности электросетей страны (AidData, 2021[21]).

3.1.4 Международные частные финансовые потоки

Прямые иностранные инвестиции

Курс Узбекистана на большую открытость в сфере торговли и иностранных инвестиций с 2017 года сделал его более привлекательным для международного капитала. В 2017 году Узбекистан упразднил существовавшую на протяжении продолжительного времени привязку валютного курса, введя свободно плавающий курс узбекского сума на валютном рынке, а в 2020 году принял новый закон об инвестициях, укрепивший прочие меры защиты иностранных инвесторов. Также имели место заметные улучшения в общей деловой среде Узбекистана, в частности, упрощение процедур утверждения инвестиций и регистрации предприятий (Jivraj, 2023[22]). В результате этих реформ увеличились годовые притоки прямых иностранных инвестиций (ПИИ). В период с 2010 по 2016 год средние притоки ПИИ были равны 1,2 млрд долларов США, а в 2019 году притоки ПИИ возросли до 2,3 млрд долларов США, в 2020 году — до 1,7 млрд долларов США и в 2021 году — до 2,0 млрд долларов США, несмотря на пандемию COVID-19 (UNCTAD, 2022[23]). Китай стал крупнейшим поставщиком ПИИ в Узбекистан: в 2021 году на Китай приходилось 22,3 процента притоков ПИИ. Другими крупными инвесторами являются Россия (21,5 процента), Турция (7,5 процента) и Германия (7,3 процента) (UzStat, 2021[24]).

К концу II квартала 2022 года совокупный объем иностранных инвестиций в Узбекистан достиг 56,3 млрд долларов США. Из этой общей суммы 12,5 млрд долларов США, или 21,8 процента, имели форму прямых инвестиций. За последние пять лет число действующих предприятий с иностранным капиталом увеличилось в 2,8 раза с 5 370 в 2017 году до 14 546 в августе 2022 года. Особенно важное значение в этом изменении имеет российский капитал: 2 705 предприятий (18,6 процента всех узбекских компаний с иностранным капиталом) полностью или частично используют российский капитал. После России крупнейшими источниками иностранного капитала являются Турция (14,1 процента общего количества действующих предприятий с иностранным капиталом в стране), Китай (14,0 процента), Казахстан (8,1 процента) и Корея (6,2 процента) (UzStat, 2022[25]).

Иностранные инвесторы проявляют все больший интерес к «зеленому» переходу Узбекистана, особенно к процессу перехода на возобновляемые источники энергии. Компания ACWA Power (Саудовская Аравия) осуществила инвестиции в ветроэнергетический проект мощностью 1,5 ГВт стоимостью 2,4 млрд долларов США в Каракалпакстане — крупнейший наземный ветроэнергетический проект в мире, и с тех пор расширяет свой инвестиционный портфель за счет включения прочих проектов в сфере ветроэнергетики и возобновляемых источников энергии (Jivraj, 2023[22]). Компания Masdar (Объединенные Арабские Эмираты) подписала соглашение о совместном строительстве с Министерством энергетики и Министерством инвестиций, промышленности и торговли Узбекистана в отношении строительства проектов солнечной и ветроэнергетики мощностью 2 ГВт, а также аккумуляторного хранения энергии мощностью 500 МВт·ч (Masdar, 2023[26]). Несколько компаний, расположенных в странах ОЭСР, в частности, EDF, Siemens, Mitsubishi, Orano, Siemens, Sumitomo, Total Eren, Toyoto Tsusho, Veolia и Voltalia, приобрели доли участия в проектах модернизации инфраструктуры энергии солнца, ветра и энергетики по всей стране (Jivraj, 2023[22]).

Крупномасштабные проекты генерации электроэнергии из возобновляемых ресурсов, такие как проекты, поддерживаемые компаниями ACWA Power и Masdar, финансируются посредством кредитов. Однако ввиду все большего интереса международных инвесторов к динамично развивающейся отрасли возобновляемых источников энергии Узбекистана такие крупные проекты могут служить основой для выпуска «зеленых» облигаций. В ходе визита сотрудников ОЭСР в Ташкент в 2023 году представители Республиканской фондовой биржи «Тошкент» указали на то, что финансирование крупномасштабных проектов в сфере возобновляемых источников энергии посредством «зеленых» облигаций является легко достижимой целью.

Портфельные инвестиции и облигации на международных биржах

Портфельные инвестиции достигли 4 млрд долларов США, составляя 7,2 процента совокупных иностранных инвестиций в Узбекистане. Более половины (55,1 процента) портфельных инвестиций осуществляется в государственные ценные бумаги. Доля иностранных инвесторов на внутреннем рынке корпоративных долговых обязательств все еще мала (по состоянию на октябрь 2022 года 2,9 процента). Государственные долговые инструменты являются крупнейшим и основным объектом иностранных инвестиций% на них приходится 26,9 процента всех иностранных инвестиций в страну (Central Bank of Uzbekistan, 2022[27]). Портфельные инвестиции стали важным источником капитала в 2019 году, когда Узбекистан выпустил свою первую в истории суверенную облигацию на Лондонской фондовой бирже двумя траншами объемом 500 млн долларов США с 5- и 10-летними сроками погашения. Эта облигация имела хорошие показатели и привлекла 1 млрд долларов США на мировом рынке. На фоне повышения цен облигаций их фактическая доходность снижается. При выпуске инвесторам были обещаны годовые выплаты процентов в размере 4,75 процента по 10-летней облигации и 5,375 процента по 5-летней облигации. Однако текущая фактическая доходность (ноябрь 2022 года) 10-летней облигации составляет 7,22 процента, а 5-летней облигации — 7,12 процента, что указывает на то, что стоимость заимствования для Узбекистана возросла.

После этого шага правительства имел место всплеск активности Узбекистана на международных рынках: в период с 2019 по 2023 год было выпущено десять суверенных и корпоративных облигаций (см. таблицу 3.1). Все корпоративные эмиссии производились государственными предприятиями и банками. Вторая и третья суверенные эмиссии включали транши, выраженные в узбекских сумах. Примечательно, что после выпуска в 2020 году второй суверенной облигации («Облигации организаций по финансированию в области развития (ОФР)») в 2021 году Узбекистан стал первой страной бывшего Советского Союза, выпустившей так называемую «Облигацию ЦУР» — облигацию устойчивости (см. главу 5 «Состояние «зеленых» финансов в Узбекистане»). В 2023 году были выпущены две «зеленые» облигации: одна облигация посредством частного размещения банка «Узпромстройбанк» (SQB), ставшего первым коммерческим банком Узбекистана, выпустившим «зеленую» облигацию (UzReport, 2023[28]), и одна суверенная «зеленая» облигация (Ministry of Economy and Finance, 2023[29]).

Таблица 3.1. С 2019 года Узбекистан выпустил десять облигаций на международных рынках

Эмитент	Тип облигации	Эмиссионная стоимость	Дата эмиссии	Срок погашения	Доходность при эмиссии
I. Суверенные облигации					
Узбекистан*	традиционная облигация	500 млн долларов США	20/02/2019	5 лет	4,75%
		500 млн долларов США		10 лет	5,375%
Узбекистан*	традиционная, так называемая «облигация ОФР»	555 млн долларов США	25/11/2020	10 лет	3,7%
		2 трлн узбекских сумов		3 года	14,5%
Узбекистан*	облигация устойчивости, так называемая «облигация ЦУР»	635 млн долларов США	19/07/2021	10 лет	3,9%
		2,5 трлн узбекских сумов		3 года	14,0%
Узбекистан*	транш традиционной облигации	660 млрд долларов США	06/10/2023	5 лет	8,125%
	транш «зеленой» облигации	4,25 трлн узбекских сумов		3 года	16,25%
II. Корпоративные облигации (выпущенные банками)					
«Узпромстройбанк» (SQB)	традиционная облигация	300 млн долларов США	12/2019	5 лет	5,75%
Национальный банк (НБУ)	традиционная облигация	300 млн долларов США	10/2020	5 лет	4,85%
«Ипотека-банк»	традиционная облигация	300 млн долларов США	11/2020	5 лет	5,50%
SQB	«зеленая» облигация	100 млн долларов США	08/2023	5 лет	Не раскрывается
III. Корпоративные облигации (выпущенные промышленными предприятиями)					
UzAuto Motors	традиционная облигация	300 млн долларов США	04/2021	5 лет	4,85%
«Узбекнефтегаз»	традиционная облигация	700 млн долларов США	06/2021	7 лет	4,75%

Примечание. *Каждая суверенная облигация Узбекистана выпускалась в форме двух траншей. Три последние эмиссии включали транши в узбекских сумах.

Источник: составлено автором.

Однако большинство эмиссий представляют собой выпуски традиционных, а не «зеленых» или других тематических облигаций. Ожидается, что планируемая крупная программа приватизации и выпуски суверенных облигаций Узбекистана, а также последние налоговые стимулы для иностранных инвесторов в ближайшие годы увеличат притоки портфельных инвестиций, по мере того как иностранные инвесторы будут приобретать ценные бумаги, обеспечивающие участие в капитале, в частности, акции, паи и акции, напрямую покупаемые на национальных фондовых рынках. Дальнейшее развитие финансового рынка имеет принципиальное значение для оказания содействия стране в сглаживании потенциально крупных колебаний потоков капитала и связанных с ними потрясений для экономики. Важное значение для этих усилий имеют прочные нормативные основы. Создание иностранных резервов и, когда это практически осуществимо, обеспечение того, чтобы валютные курсы корректировались и сглаживали шоки, может помочь защитить экономику от воздействия волатильности потоков капитала.

Литература

AidData (2021), *AidData's Global Chinese Development Finance Dataset, Version 2.0*, https://www.aiddata.org/data/aiddatas-global-chinese-development-finance-dataset-version-2-0 (accessed on 26 June 2023). [21]

Central Bank of Uzbekistan (2022), *Statistical Bulletin: January-September 2022*, Central Bank of Uzbekistan, Tashkent, https://cbu.uz/upload/medialibrary/fee/1yi6xtrrzd5nj9gi78h3wbzglno4hrw7/Statistical-bulletin-January_September-2022.pdf (accessed on 27 June 2023). [27]

Central Securities Depository (2022), *State Enterprise "Central Securities Depository"*, https://deponet.uz/en (accessed on 23 June 2023). [10]

Dettoni, J. (2019), "Uzbekistan greenlights 2020 capital market reform", *FDI Intelligence*, https://www.fdiintelligence.com/content/news/uzbekistan-greenlights-2020-capital-market-reform-75988 (accessed on 23 June 2023). [15]

EBRD (2023), *Data on EBRD work in Uzbekistan*, European Bank for Reconstruction and Development (EBRD), https://www.ebrd.com/where-we-are/uzbekistan/data.html (accessed on 26 June 2023). [19]

EBRD (2018), *Local Currency and Capital Markets Development (LC2) Strategy 2019 – 2024. European Development Bank. LC2 Strategy.*, European Bank for Reconstruction and Development, London. [7]

EY (2022), *Halk Bank consolidated financial statements and independent auditor's report for 2021*, Ernst and Young (EY), https://xb.uz/en/page/hisobotlar-2/ (accessed on 23 June 2023). [12]

GCF (n.d.), *Areas of Work: Countries: Republic of Uzbekistan*, Green Climate Fund (CGF), https://www.greenclimate.fund/countries/uzbekistan (accessed on 25 June 2023). [18]

Government of Japan (2017), *Политика страновой помощи Республики Узбекистан [Policy for country-level support to the Republic of Uzbekistan]*, https://web.archive.org/web/20220724101608/https://www.uz.emb-japan.go.jp/files/000306082.pdf (accessed on 26 June 2023). [20]

Government of Uzbekistan (2023), *О государственном бюджете Республики Узбекистан на 2023 год [On the state budget of the Republic of Uzbekistan for 2023]*, https://lex.uz/ru/docs/6333242 (accessed on 23 June 2023). [4]

Government of Uzbekistan (2021), *Kapital bozorini yananda rivojlantirish chora-tadbirlari to'g'risida [On measures for further development of the capital market]*, https://lex.uz/docs/-5371091 (accessed on 14 June 2023). [8]

Government of Uzbekistan (2017), *Об утверждении положения о порядке формирования и использования средств Фонда экологии, охраны окружающей среды и обращения с отходами [On approval of the regulations on the procedure for the formation and use of funds of the Fund for Ecology, Environmental Protection and Waste Management]*, https://lex.uz/docs/3234983 (accessed on 23 June 2023). [3]

Government of Uzbekistan (2004), *О накопительном пенсионном обеспечении граждан [On the accumulative pension fund]*, https://lex.uz/docs/391377 (accessed on 23 June 2023). [11]

Jivraj, H. (2023), “Will Uzbekistan retain its position as Central Asia’s FDI star?”, *Investment Monitor*, https://www.investmentmonitor.ai/features/uzbekistan-central-asia-fdi-star/ (accessed on 27 June 2023). [22]

Masdar (2023), *Masdar Signs Agreement to Develop over 2 GW of Clean Energy in Uzbekistan*, https://news.masdar.ae/en/News/2023/05/19/07/43/Masdar-Signs-Agreement-to-Develop-Clean-Energy-in-Uzbekistan (accessed on 27 June 2023). [26]

Ministry of Economy and Finance (2023), *The Republic of Uzbekistan for the first time placed “green” international bonds in the national currency*, https://www.imv.uz/en/news/category/yangiliklar/post-1621 (accessed on 21 November 2023). [29]

Ministry of Finance (2022), *The State Debt of the Republic of Uzbekistan: For the 3rd quarter of 2022*, Ministry of Finance of the Republic of Uzbekistan, Tashkent, https://api.mf.uz/media/post_attachments/State_debt_3Q_2022.pdf (accessed on 24 June 2023). [16]

OECD (2023), *Total flows by donor*, OECD.Stat Development Database, https://stats.oecd.org/Index.aspx?datasetcode=TABLE1 (accessed on 24 June 2023). [17]

Toshkent Republican Stock Exchange (2023), “2022 Exchange Review”, https://uzse.uz/system/analytics/pdfs/000/000/154/original/Exchange_review_for_full_year_2022.pdf?1676883361 (accessed on 21 June 2023). [14]

UNCTAD (2022), *Foreign direct investment: Inward and outward flows and stock, annual*, United Nations Conference on Trade and Development Database, https://unctadstat.unctad.org/wds/TableViewer/tableView.aspx?ReportId=96740 (accessed on 27 June 2023). [23]

UNDP (2022), *Uzbekistan introduces green budgeting and SDG budgeting*, https://www.undp.org/uzbekistan/news/uzbekistan-introduces-green-budgeting-and-sdg-budgeting (accessed on 23 June 2023). [6]

UNDP (2021), *Development Finance Assessment for the Republic of Uzbekistan*, United Nations Development Programme (UNDP), https://www.undp.org/uzbekistan/publications/development-finance-assessment-republic-uzbekistan (accessed on 23 June 2023). [1]

UNDP (2020), *Citizens’ Budget 2020: COVID-19 Response Measures*, United Nations Development Programme (UNDP), https://www.undp.org/uzbekistan/publications/budget-citizens (accessed on 23 June 2023). [5]

UzReport (2023), *O‘zsanoatqurilishbank 100 million AQSH dollarlik obligatsiyalarni xususiy joylashtirishni muvaffaqiyatli amalga oshirdi [Uzsanoatqurilishbank has successfully implemented a private placement of bonds worth 100 million US dollars]*, https://uzreport.news/finance/o-zsanoatqurilishbank-100-million-aqsh-dollarlik-obligatsiyalarni-xususiy-joylashtirishni-. [28]

UzReport.News (2020), “Капитализация Ташкентской фондовой биржи превысила $5 млрд [Capitalisation of the Tashkent stock exchange exceeded $5 billion]”, *UzReport.News*, https://www.uzreport.news/exchange/kapitalizatsiya-tashkentskoy-fondovoy-birji-previsila-5-mlrd (accessed on 23 June 2023). [13]

UzStat (2022), *Сколько предприятий с участием иностранного капитала работают в Узбекистане? [How many companies with foreign capital work in Uzbekistan?]*, https://stat.uz/ru/press-tsentr/novosti-goskomstata/25437-davlatlarning-kapitali-ishtirokidagi-korxonalari-ko-p-3 (accessed on 27 June 2023). [25]

UzStat (2022), *Сколько предприятий с участием иностранного капитала работают в Узбекистане? [How many companies with foreign capital work in Uzbekistan?]*, https://stat.uz/ru/press-tsentr/novosti-goskomstata/25437-davlatlarning-kapitali-ishtirokidagi-korxonalari-ko-p-3 (accessed on 27 June 2023). [31]

UzStat (2021), *Прямые иностранные инвестиции в основной капитал по странам – инвесторам по республике [Foreign direct investment in fixed capital by investing country in the republic]*, https://stat.uz/ru/press-tsentr/novosti-goskomstata/12833-respublikada-investor-mamlakatlar-bo-yicha-to-g-ridan-to-g-ri-xorijiy-investitsiyalar-2 (accessed on 27 June 2023). [24]

World Bank (2021), *Assessing Uzbekistan's Transition: Country Economic Memorandum*, World Bank, Washington, D.C., https://documents1.worldbank.org/curated/en/862261637233938240/pdf/Full-Report.pdf (accessed on 22 June 2023). [2]

World Bank (2019), *Uzbekistan Public Expenditure Review*, World Bank, https://documents1.worldbank.org/curated/en/471601582557360839/pdf/Uzbekistan-Public-Expenditure-Review.pdf (accessed on 23 June 2023). [30]

Yerzikov, V. (2023), "Лицензия внебиржевой платформы Elsis-Savdo приостановлена [Licence of over-the-counter trading platform Elsis Savdo suspended]", *Kursiv*. [9]

4 Структура и система регулирования финансового сектора Узбекистана

В настоящей главе описывается институциональная структура и рыночная инфраструктура финансового сектора Узбекистана, а также институциональные, законодательные и нормативные барьеры, препятствующие развитию рынка капитала страны. Внутренняя финансовая система Узбекистана недостаточно развита, в ней преобладают государственные банки, и она недостаточно используется гражданами страны и потенциальными инвесторами. Непрозрачная совокупность фрагментированных законодательных и нормативных актов, а также отсутствие централизованной платформы для торговли ценными бумагами сокращают доступность рынка для потенциальных участников, а продукты, разрешенные действующим законодательством, не соответствуют возникающим потребностям. Хотя последние реформы решили некоторые проблемы, которые задерживали развитие рынка капитала Узбекистана, у правительства имеется ряд возможностей для повышения предложения ценных бумаг и спроса на них на внутреннем рынке и для содействия тем самым развитию более устойчивого и более динамичного рынка капитала.

Вставка 4.1. Основные выводы и рекомендации

- В финансовом секторе Узбекистана по-прежнему преобладают крупные государственные банки, несмотря на возникновение более широкого круга банков и небанковских кредитных организаций, с тех пор как в 2017 году началась либерализация экономики Узбекистана. Высокие уровни занятости в неформальном секторе и экономика, основанная главным образом на наличных расчетах, являются барьерами для развития финансового рынка.
- Правительство начало реализовывать широкомасштабную программу приватизации и ставит задачу до 2026 года увеличить долю частного сектора в банковском секторе до 60 процентов. Первоначально попытки приватизации банков задерживались в связи с внешними факторами, но правительству следует продолжить достижение своей цели приватизации.
- Последние институциональные, правовые и регулятивные реформы, такие как Программа развития рынка капитала в 2021–2023 годах, обеспечили либерализацию финансового сектора Узбекистана, но он по-прежнему страдает от неэффективного содействия рыночному механизму, а также от ограниченного предложения ценных бумаг и спроса на них.
- Узбекистану следует упростить непрозрачную и фрагментированную нормативно-правовую основу, регулирующую финансовую систему, и принять единый закон о рынках капитала.
- Узбекистану следует принять скоординированную долгосрочную стратегию финансирования в области развития, продолжать профессиональное развитие пула квалифицированных национальных экспертов по рынку капитала, гармонизировать существующие в стране две платформы для торговли ценными бумагами, а также устранить барьеры в сфере законодательства и регулирования для внедрения большего числа финансовых инструментов, в частности, исламских финансовых инструментов, и для потенциальных эмитентов «зеленых» облигаций, в том числе субнациональных органов государственного управления.

4.1. Финансовый сектор Узбекистана. Структура и субъекты

В последние годы количество субъектов, ведущих деятельность в финансовом секторе Узбекистана, заметно возросло, но основная часть активов по-прежнему приходится на государство, и оно обеспечивает большую часть долгосрочного финансирования, что особенно важно для инвестиций в инфраструктуру, необходимых для «зеленого» перехода Узбекистана. С тех пор как в 2017 году началась либерализация рынка, число финансовых организаций, функционирующих в Узбекистане, постепенно растет (см. таблицу 4.1). Особенно быстро возникают небанковские кредитные организации, в основном организации по микрокредитованию, а возникновение новых частных банков и страховых компаний представляет собой более постепенный процесс. В настоящее время в Узбекистане насчитывается 33 коммерческих банка, в том числе четыре полностью государственных банка, восемь частично государственных банков, десять акционерных коммерческих банков, шесть банков с иностранным капиталом и пять частных банков. По сравнению с другими странами Центральной Азии в Узбекистане существует больше действующих банков, чем во всех других странах этого региона. В Кыргызстане функционирует 23 банка, в Таджикистане — 14, в Туркменистане — 11. В Казахстане, несмотря на то что его экономика крупнее экономики Узбекистана, насчитывается всего 22 действующих банка, хотя уровень участия государства в банковской системе Казахстана значительно ниже. Только один банк Казахстана является полностью государственным, а 14 банков представляют собой банки с иностранным капиталом. При том что в Узбекистане находится большинство банков Центральной Азии, учитывая, что его численность населения составляет более 35 млн человек, в стране насчитывается относительно мало банков.

Таблица 4.1. С 2017 года число финансовых организаций в Узбекистане возросло

Тип финансовой организации	2017	2018	2019	2020	2021	2022*
Общее число коммерческих банков	28	29	30	32	33	33
- в том числе государственные банки	11	13	13	13	12	12
- в том числе прочие банки	17	16	17	19	21	21
Общее число небанковских кредитных организаций	**76**	**92**	**117**	**128**	**144**	**154**
- в том числе организации по микрокредитованию	30	37	56	63	70	75
- в том числе ломбарды	46	55	61	64	73	78
- в том числе организации по рефинансированию ипотеки	0	0	0	1	1	1
Активно работающие лизинговые компании	**55**	**32**	**29**	**30**	**24**	**25**
Страховые компании	**27**	**30**	**36**	**40**	**42**	**42**
- в том числе компании общего страхования	27	24	28	32	34	34
- в том числе компании по страхованию жизни	0	6	8	8	8	8
Фондовые биржи	**3**	**3**	**3**	**3**	**3**	**3**
Пенсионные фонды	**1**	**1**	**1**	**1**	**1**	**1**
Всего	**190**	**187**	**216**	**233**	**247**	**258**

Примечание. Данные 2022 года отражают ситуацию в августе 2022 года.
Источник: Central Bank of Uzbekistan (2022[1]), Statistical Bulletin: January-September 2022, https://cbu.uz/upload/medialibrary/fee/1yi6xtrrzd5nj9gi78h3wbzglno4hrw7/Statistical-bulletin-January_September-2022.pdf.

Однако, хотя правительство объявило о планах увеличения доли частного сектора в экономике и начало приватизацию государственных банков, сохраняется несколько препятствий. Экономика Узбекистана характеризуется высокими уровнями неформального сектора. В 2022 году в неформальном секторе было занято до 34,5 процента занятого населения (Ministry of Employment and Poverty Reduction, 2023[2]), и по состоянию на 2021 год только 70 процентов взрослого населения имели банковские или мобильные банковские счета (Central Bank of Uzbekistan, 2022[1]), что привело к формированию экономики, основанной преимущественно на наличных расчетах. Эта крупная доля неформального сектора является серьезным барьером для развития финансового рынка, в частности рынков капитала, которые в силу своего характера требуют высокой степени регулирования. Доля неформального фондового рынка в совокупном рынке капитала страны весьма велика (в 2022 году 76,1 процента). Кроме того, высокий уровень инфляции привел к высокой степени долларизации экономики, создав стимулы к тому, чтобы экономические агенты, в качестве защиты от инфляции и девальвации национальной валюты, хранили свои средства в форме иностранной валюты (в основном долларов США), а не в форме финансовых инструментов, основанных на национальной валюте. Высокая инфляция также делает рынки капитала слишком дорогостоящими для эмитентов, тогда как государственные банки предоставляют кредиты по субсидированным процентным ставкам. Государственные предприятия (ГП) по-прежнему выступают основными субъектами во многих секторах экономики Узбекистана.

4.1.1. Банковский сектор

К концу сентября 2022 года банковский сектор Узбекистана составлял 69,7 процента ВВП страны[1]. В банковском секторе страны по-прежнему преобладают крупные государственные банки и банки, находящиеся под контролем государства. Более того, всего пять государственных банков управляют 61 процентом всех активов банковского сектора. Только на Национальный банк Узбекистана приходится почти четверть (23,6 процента) активов, при этом каждый из остальных четырех банков управляет приблизительно одной десятой совокупных активов («Узпромстройбанк» — 11,2 процента; «Асакабанк» — 9,2 процента; Агробанк — 8,5 процента; «Ипотека-банк» — 8,5 процента). В последние годы доля активов, кредитов и совокупного капитала государственных банков немного уменьшилась. По состоянию на октябрь 2022 года на государственные банки приходилось 79 процентов совокупных активов (по сравнению с 84 процентами в 2019 году), 78 процентов капитала (в 2019 году 87 процентов) и 84 процента всех кредитов (в 2019 году 88 процентов) (Central Bank of Uzbekistan, 2022[1]).

Министерство экономики и финансов и Фонд реконструкции и развития Республики Узбекистан контролируют и субсидируют государственные банки Узбекистана, которые, в свою очередь, содействуют решению первоочередных экономических задач государства, в основном за счет кредитов, гарантированных государством, и инвестиций в акционерный капитал, предлагаемых конкретным секторам, в частности, ГП. Это отнюдь не способствует стремлению банков Узбекистана оказывать коммерческие услуги частному сектору (UNDP, 2021[3]). Государственные банки в основном не связаны с рынками капитала, и доминирующая роль этих банков в секторе во многом объясняет низкие уровни финансового посредничества, что ограничивает доступ к финансированию в Узбекистане.

Вследствие высокой инфляции, возникшей после упразднения Узбекистаном в 2017 году привязки валютного курса, финансовая система стала в значительной степени опираться на иностранные валюты, особенно на доллар США. В декабре 2017 года долларизация кредитов достигала 62,3 процента, но с тех пор постепенно снизилась (к июлю 2022 года 47,9 процента). Большая часть кредитования в иностранной валюте финансируется за счет кредитных линий от иностранных банков и международных финансовых организаций, что ведет к возникновению высоких уровней внешних займов (по состоянию на апрель 2022 года составлявших, по оценкам, 20 процентов совокупных обязательств и 35 процентов валютных обязательств банков). Погашение внешних займов в случае большинства банков находится на контролируемом уровне, поскольку сроки погашения привязаны к структуре сроков погашения субкредитов (Central Bank of Uzbekistan, 2022[1]).

В Узбекистане, как и во многих странах мира, во время пандемии отношение необслуживаемых кредитов к совокупным валовым кредитам в банковском секторе возросло с чуть более 1 процента в период до пандемии до 5,8 процента в октябре 2021 года, но с тех пор это отношение снизилось (к августу 2022 года до 4,9 процента). Даже в таких условиях банки продолжают быстро расти. За первые девять месяцев 2022 года номинальное кредитование выросло на 11 процентов, и внимание банков все чаще сосредоточено на расширении долгосрочного финансирования. Большинство новых корпоративных кредитов предоставлялось с льготными периодами в целях осуществления инвестиций и еще не погашается, что означает, что качество активов большинства банков является в основном непроверенным (Central Bank of Uzbekistan, 2022[1]).

Доминирующая роль государственных банков ограничивает финансовое посредничество и развитие финансового сектора в более широком плане. Для содействия формированию более диверсифицированного, динамичного банковского сектора Узбекистан начал осуществлять крупномасштабный процесс приватизации и широкие реформы банковского сектора страны. После упразднения в 2017 году мер валютного контроля правительство внесло поправки в законодательство о банковской системе с целью пересмотреть роль Центрального банка с акцентом на обеспечении ценовой стабильности и надзоре, а также дать возможность иностранным инвесторам владеть долями в размере до 5 процентов в отечественных банках. Кроме того, были приняты нормы о борьбе с отмыванием денег, валютных операциях, расчетах и повышении доступности банковских услуг (Miroshnikova, 2022[4]).

В 2020 году Узбекистан утвердил Стратегию реформирования банковской системы на 2020–2025 годы, сосредоточенную на уменьшении роли государства в банковской системе и увеличении к 2025 году доли активов, принадлежащих частным банкам, с 21 процента до 60 процентов. Правительство ставит задачу привлечь стратегических инвесторов в некоторые государственные банки и произвести разгосударствление других государственных банков. Также совершенствуется управление государственными банками с назначением независимых профессиональных членов наблюдательных советов. Согласно Стратегии, Национальный банк Узбекистана, Агробанк и «Микрокредитбанк» останутся государственными банками для обеспечения наличия банковских услуг на региональном уровне в процессе преобразований и внедрения механизмов поддержки инвестиционных проектов (Government of Uzbekistan, 2020[5]).

В Стратегии определено девять государственных банков для полной или частичной приватизации. Государство ставило задачу произвести отчуждение всей своей доли в двух небольших государственных банках («Пойтахт Банк» и «УзАгроЭкспортБанк») посредством открытого конкурса. В ближайшие годы также планируется приватизировать семь более крупных государственных банков: «Ипотека-банк», «Узпромстройбанк» (SQB), «Асакабанк», «Алокабанк», «Азия альянс банк», «Кишлок курилиш банк» (BRB) и «Туронбанк» (Government of Uzbekistan, 2020[5]).

В сентябре 2021 года российский банк «Экспобанк» подписал меморандум с целью приобретения банка «Пойтахт Банк». Приобретение банка «УзАгроЭкспортБанк» еще одним российским банком, «Совкомбанк», за 4 млн долларов США в феврале 2022 года было аннулировано в связи с международными санкциями, наложенными вследствие вторжения России в Украину (UzDaily, 2022[6]).

В марте 2022 года указом президента были установлены смелые сроки проведения первых выпусков акций (ПВА) некоторых из этих банков и продажи долей государства в них. ПВА банка «Кишлок курилиш банк» планировалось провести до октября 2022 года, но ПВА был отложен в связи с неопределенными условиями на рынке. Согласно графику, государственные пакеты акций других государственных банков, в частности, SQB и «Асакабанк» (двух крупнейших государственных банков, которые планируется приватизировать), должны быть проданы в течение 2023 года (Government of Uzbekistan, 2022[7]).

Уже началась подготовка к приватизации банка SQB. Международная финансовая корпорация (МФК) сотрудничает с банком SQB с 2018 года. В 2022 году МФК и Европейский банк реконструкции и развития (ЕБРР) предоставили банку SQB предприватизационные конвертируемые кредиты, которые можно конвертировать в долю участия в капитале (Aris, 2021[8]; AkiPress, 2022[9]; EBRD, 2022[10]). SQB стремится позиционировать себя как «зеленый банк» Узбекистана, сосредоточенный на инвестициях в устойчивую инфраструктуру и решения в области климата. В этой связи SQB получает поддержку *Agence française de développement* (Агентства Франции по развитию (АФД)), начавшего финансировать создание «зеленого» портфеля банка SQB кредитом в размере 30 млн евро (AFD, 2022[11]).

Прочие усилия по приватизации прекращались и возобновлялись. В сентябре 2021 года венгерский банк OTP Bank предложил приобрести 75-процентную долю государства в «Ипотека-банке», но позднее отложил эту сделку в связи с вторжением России в Украину. В ноябре 2022 года OTP Bank объявил о возобновлении процесса приобретения доли (Lillis, 2022[12]).

4.1.2. Прочие субъекты: небанковские кредитные организации, арендодатели, страховые компании и пенсионные фонды

С 2017 года количество небанковских кредитных организаций удвоилось. Этот сегмент рынка состоит из организаций микрофинансирования, ломбардов и «Компании по рефинансированию ипотеки Узбекистана», созданной в 2019 году Министерством финансов (в настоящее время Министерство экономики и финансов) для предоставления долгосрочного финансирования ипотечным кредиторам, а также для улучшения наличия и доступности ипотечных кредитов для домашних хозяйств с низкими и средними доходами.

Хотя эти организации, особенно организации по микрокредитованию, играют важную роль в обеспечении доступа к кредитам физическим лицам, а также малым и средним предприятиям (МСП), они не занимаются долгосрочным финансированием инфраструктурных проектов, лежащим в основе преобразований в энергетике, транспортном секторе и промышленности Узбекистана. В ближайшем будущем «Компания по рефинансированию ипотеки Узбекистана» планирует выпустить ценные бумаги, обеспеченные ипотекой, на внутреннем рынке капитала, что может способствовать развитию зарождающегося рынка (UNDP, 2021[3]).

Лизинговый и страховой рынки недостаточно развиты, и субъекты этих рынков часто являются дочерними компаниями банков или иным образом связаны с банками. Во многих странах страховые компании выступают важными институциональными инвесторами и покупателями ценных бумаг и прочих инвестиционных активов. Однако в Узбекистане страховой сектор находится в процессе становления и предоставляет полисы с относительно краткосрочной защитой, а не долгосрочные инвестиционные полисы. Таким образом, в связи с нехваткой долгосрочного капитала, который можно инвестировать, страховые компании предпочитают банковские депозиты, недвижимость и пакеты акций банков и избегают долгосрочных инвестиций в другие финансовые инструменты. Аналогичным образом, национальный пенсионный фонд Узбекистана не занимается долгосрочными инвестициями, выделяя большую часть своего капитала на государственные ценные бумаги, срочные депозиты и кредиты (UNDP, 2021[3]).

4.1.3. Фондовые биржи и торговые платформы

В Узбекистане ценные бумаги обращаются на двух отдельных биржах. Фрагментированный характер рынка ведет к возникновению более высоких транзакционных издержек, поскольку инвесторы сталкиваются с существованием двух торговых платформ с разными регуляторами и интерфейсами платформ для торговли разными активами (ADB, 2021[13]). Государственные облигации и иностранные валюты (крупнейшая категория по объему трейдинговых операций, с большим отрывом опережающая другие категории) обращаются на Узбекской республиканской валютной бирже, подлежащей регулятивному надзору со стороны Центрального банка, который также выступает в качестве расчетного банка. С другой стороны, котируемые акции и корпоративные облигации обращаются на Республиканской фондовой бирже «Тошкент» (РФБТ), регулируемой Министерством экономики и финансов. Национальный банк внешнеэкономической деятельности Республики Узбекистан, коммерческий банк, служит расчетным банком в отношении сделок на РФБТ. До недавнего времени на третьей, значительно меньшей внебиржевой платформе, Elsis Savdo, обращались некотируемые ценные бумаги, но в начале 2023 года ее лицензия была отозвана в рамках подготовки к введению в действие внебиржевой торговой платформы РФБТ (Yerzikov, 2023[14]).

Для соблюдения «Принципов в отношении инфраструктуры финансового рынка» Международной организации комиссий по ценным бумагам (ИОСКО) и Банка международных расчетов денежные расчеты должны производиться «деньгами центрального банка», а не деньгами коммерческих банков, за исключением случаев, когда кредитный риск и риск ликвидности жестко контролируются и минимизированы (Bank for International Settlements and IOSCO, 2012[15]). Согласно Программе развития рынка капитала в 2021–2023 годах, Центральный банк, предоставив Центральному депозитарию ценных бумаг Узбекистана доступ к своей системе валовых расчетов в режиме реального времени, вскоре станет расчетным банком также в отношении корпоративных ценных бумаг, что обеспечит соответствие процедуры расчетов международным принципам (Government of Uzbekistan, 2021[16]).

Не существует гармонизированной платформы или комбинированного депозитария для ведения торговли государственными и корпоративными ценными бумагами, поскольку РФБТ и Республиканская валютная биржа поддерживают раздельные системы. Существование этой двойной рыночной инфраструктуры увеличивает транзакционные издержки инвесторов и затрудняет развитие рынка капитала (ADB, 2021[13]). Для решения этой проблемы Программа развития рынка капитала в 2021–2023 годах предусматривает налаживание более тесных программных связей между РФБТ и Республиканской валютной биржей для лучшей гармонизации рыночной инфраструктуры при усилении системы надзора за рынком в целях предотвращения манипулятивной и незаконной торговой практики (Government of Uzbekistan, 2021[16]). В идеальном случае следует разработать общую или полностью связанную платформу для сокращения транзакционных издержек потенциальных участников рынка. Кроме того, следует реорганизовать и укрепить Центральный депозитарий ценных бумаг Узбекистана для консолидации всех активов рынка капитала (в частности, акций, государственных и корпоративных облигаций, инструментов участия в капитале и прочих финансовых инструментов) в целях оптимизации как пред-, так и посттрейдинговой инфраструктуры всего рынка капитала.

4.2. Институциональная, правовая и нормативная основа рынка капитала

4.2.1. Реформы в сфере законодательства и регулирования

Наряду с последними институциональными реформами Узбекистан стремится реформировать свои нормативные акты о рынках капитала. Существующая правовая основа рынка капитала Узбекистана имеет ограниченный охват и не согласуется с международными стандартами, такими как Принципы регулирования ценных бумаг ИОСКО. Государство часто издает президентские и министерские указы для заполнения пробелов в действующем законе «О рынке ценных бумаг», что ведет к возникновению фрагментированной, громоздкой совокупности нормативно-правовых актов. Азиатский банк развития назвал «непрозрачную нормативно-правовую основу» страны одним из основных факторов, ведущих к неэффективному содействию рыночному механизму в Узбекистане (ADB, 2021[17]). Ряд реформ 2020 года был нацелен на составление полного кодекса рынков капитала из действующих законов, актов и указов, а также на устранение барьеров для будущих иностранных и отечественных инвесторов в отечественные ценные бумаги (Dettoni, 2019[18]). В Программе развития рынка капитала Узбекистана в 2021–2023 годах существование большого количества нормативно-правовых актов указано как один из барьеров для развития рынка капитала. Программа поручает Министерству финансов (в настоящее время Министерство экономики и финансов), Центральному банку и Министерству инвестиций и внешней торговли (в настоящее время Министерство инвестиций, промышленности и внешней торговли) консолидировать существующие законодательные и нормативные акты в форме проекта закона «О рынках капитала», основанного на принципах ИОСКО (Government of Uzbekistan, 2021[16]).

Кроме того, в финансовой экосистеме Узбекистана отсутствует действенный межбанковский денежный рынок. Поскольку преобладающие в стране государственные банки получают субсидируемые государственные средства, а частные банки меньшего размера опираются главным образом на финансирование за счет депозитов, проводится мало операций на открытом рынке, которые служат рыночными ориентирами, указывающими цены денежного рынка. При их отсутствии единственным показателем цены денежного рынка является ставка рефинансирования Центрального банка. Наряду с продолжающимся процессом приватизации, который уменьшит роль государства в субсидировании крупнейших банков, для содействия развитию рынка капитала правительству следует стремиться внедрить соответствующие инструменты, такие как соглашения о выкупе и валютные свопы (ADB, 2021[13]).

Аналогичным образом, рынок заемного капитала является неразвитым, и на нем отсутствует ликвидность и достаточный объем эмиссий и торговли. Большинство государственных облигаций Узбекистана являются краткосрочными, на настоящий момент произведено только три долгосрочные эмиссии. Кроме того, выпуски облигаций осуществляются без предварительно объявленного календаря аукционов, что препятствует участию в аукционах их потенциальных участников, а доходности отсечения на аукционах соответствуют директивной ставке Центрального банка, что означает, что торги не являются рыночными. Все эти факторы препятствуют формированию вызывающей доверие кривой доходности государственных облигаций, что, в свою очередь, мешает определению надлежащих курсов корпоративных облигаций (ADB, 2021[13]). Программа развития рынка капитала в 2021–2023 годах решает некоторые из этих проблем путем внедрения календаря аукционов, предусматривающего график регулярных эмиссий трех- и пятилетних облигаций для обеспечения формирования кривой фактической доходности.

Программа развития рынка капитала в 2021–2023 годах устанавливает целевые показатели, призванные к 2023 году увеличить совокупный объем ценных бумаг, находящихся в свободном обращении, до 5 процентов ВВП. Для повышения предложения правительство ставит задачу довести капитализацию рынка капитала до 45 трлн узбекских сумов и увеличить долю ценных бумаг в финансировании инвестиционных программ республиканского и регионального уровней до 5 процентов. В целях увеличения спроса правительство делает акцент на повышении доступности рынка капитала посредством активной интеграции с международными финансовыми рынками, широкого использования современных информационно-коммуникационных технологий и применения передовых подходов, успешно апробированных за рубежом. Реформы законодательства и регулирования призваны создать необходимые условия для активного финансирования инвестиций, направленных на цели развития на фондовом рынке, путем внедрения передовой международной практики, устранения излишних барьеров, ограничений и чрезмерного регулирования этой сферы и развития. Кроме того, изменения в законодательстве будут направлены на обеспечение целостности регулирования рынка капитала и предупреждение системных рисков с внедрением соответствующих международных критериев и опыта (Government of Uzbekistan, 2021[16]).

Дополнительным серьезным ограничением в отношении спроса на рынке капитала Узбекистана является нехватка квалифицированных кадров. Программа развития рынка капитала в 2021–2023 годах ставит задачу участия 40 тысяч человек в мероприятиях по повышению финансовой грамотности и квалификации миноритарных инвесторов, прочих участников рынка капитала и широких слоев населения. Кроме того, предусматривается внедрение и совершенствование программ подготовки и переподготовки специалистов для рынка капитала, а также улучшение условий для привлечения на рынок отечественных и иностранных специалистов (Government of Uzbekistan, 2021[16]).

Кроме того, пакетом реформ рынка капитала 2022 года установлены правила выпуска ценных бумаг на национальном и иностранных фондовых рынках, призванные увеличить количество размещений на Республиканской фондовой бирже «Тошкент». Начиная с апреля 2022 года эмитенты могут размещать акции на иностранных фондовых биржах только после их предварительного размещения на РФБТ или в рамках одновременного размещения на отечественной и международной биржах (Government of Uzbekistan, 2022[19]).

Расширение спектра доступных финансовых продуктов

Статья 96 Гражданского кодекса Узбекистана и закон «О рынке ценных бумаг» дают узкое определение ценных бумаг как простых векселей (переводных векселей), акций, облигаций, сберегательных (депозитных) сертификатов, расписок, депозитарных расписок и казначейских облигаций, что ведет к недостаточному предложению ценных бумаг. В рамках последних реформ внедрены новые категории ценных бумаг, в частности, конвертируемые облигации и определенные производные ценные бумаги, но для других потенциальных инструментов в Узбекистане по-прежнему не существует правовой базы. Действующим законодательством не предусмотрены ценные бумаги, обеспеченные ипотекой, или исламские финансовые инструменты, такие как сукук, — инструмент, подобный облигации. В Узбекистане, преимущественно мусульманской стране, приблизительно 27 процентов граждан не имеют банковского счета по соображениям, связанным с их религией (UNDP, 2021[20]), что указывает на то, что может существовать значительный спрос на исламские финансовые инструменты, в частности, сукук (см. 5.4 «Сукук»). Обсуждения ОЭСР в 2022 году с представителями Центрального банка, Министерства финансов и РФБТ подтвердили, что существует значительная потребность во внедрении исламских финансовых инструментов на внутреннем рынке. Такой неиспользованный рынок может помочь Узбекистану стимулировать внутренний спрос на ценные бумаги. Программа развития рынка капитала в 2021–2023 годах предусматривает проведение реформ, ведущих к внедрению ценных бумаг, обеспеченных ипотекой, сукук и прочих финансовых инструментов.

При том что на субнациональные органы государственного управления в Узбекистане приходится 56 процентов совокупных национальных расходов, статья 142 Бюджетного кодекса запрещает им выпускать долговые инструменты (Government of Uzbekistan, 2013[21]). В 2020 году было сделано исключение для муниципалитета Ташкента в отношении выпуска долгового инструмента стоимостью 500 млн долларов США на национальном рынке (Gazeta.Uz, 2020[22]), но этот пилотный проект не был реализован, поскольку Министерство финансов отказалось гарантировать эмиссию. В области предложения это ограничение уменьшает число потенциальных эмитентов ценных бумаг, а в области спроса оно мешает местным жителям осуществлять прямые инвестиции в проекты, управляемые их субнациональными органами государственного управления.

Расширение пула потенциальных инвесторов и участников рынка

До недавнего времени налоговая политика Узбекистана отнюдь не являлась стимулом для участия в торговле ценными бумагами. В Узбекистане взимался налог на дивиденды и начисленные проценты по инвестициям в ценные бумаги, что уменьшало прибыль, доступную потенциальным инвесторам. В 2022 году правила налогообложения дивидендов были изменены: начисленные проценты по облигациям и дивиденды по некоторым пакетам акций были освобождены от налогообложения, и была установлена 5-процентная ставка налога на доходы от дивидендов по другим пакетам акциям. Вместо налога на прибыль или доходы продавец платит сбор в размере 0,3 процента общей суммы операции (Government of Uzbekistan, 2022[19]).

В Узбекистане существует лишь небольшой пул институциональных инвесторов (см. 3.2.2 «Внутренние частные финансовые потоки»), и они в основном не участвуют в рынке капитала Узбекистана. Программа развития рынка капитала в 2021–2023 годах призвана расширить их участие посредством ряда реформ в сфере законодательства и регулирования. Правительство планирует стимулировать участие пенсионного фонда Узбекистана путем создания нового агентства по развитию и регулированию пенсионного фонда. Кроме того, правительство планирует произвести разгосударствление государственных страховых компаний, привести их нормативы в соответствие с международными принципами и расширить их полномочия на осуществление инвестиций (Government of Uzbekistan, 2022[19]).

4.2.2. Институциональная структура

Одним из наиболее серьезных недостатков является отсутствие стратегического курса правительства. Узбекистан проявляет все больший интерес к развитию внутреннего рынка капитала, особенно с принятием Программы развития рынка капитала в 2021–2023 годах. Однако все еще отсутствует скоординированная долгосрочная стратегия, устанавливающая первоочередные задачи государства в отношении развития рынка капитала и определяющая процесс проведения реформ в области развития финансового рынка.

Что касается институциональной структуры, также проведены ускоренные, в некоторых случаях противоречивые институциональные реформы. В частности, в 2019 году было создано Агентство по развитию рынка капитала (АРРК), которое всего лишь два года спустя было упразднено с передачей его функций Департаменту развития рынка капитала Министерства экономики и финансов. В настоящее время этому Департаменту поручено реализовывать меры политики по развитию и регулированию рынка ценных бумаг, защищать права инвесторов и вести мониторинг соблюдения правовых норм на рынке. Согласно постановлению 2021 года, к 2023 году будет разрешен листинг акций узбекских компаний на иностранных фондовых биржах при условии, что первоначальное размещение акций производится на отечественной фондовой бирже (Grata International, 2021[23]). Это изменение, а также предлагаемые изменения в платформах для торговли ценными бумагами в Узбекистане (см. 4.1.3 «Фондовые биржи и торговые платформы») могут частично решить проблемы, связанные с неэффективным содействием рыночному механизму и ограниченным предложением ценных бумаг.

После перехода в 2021 году функций Агентства по развитию рынка капитала в ведение Министерства экономики и финансов и передачи в 2022 году полномочий Агентства по развитию рынка страхования тому же министерству число государственных институтов, осуществляющих регулирование финансового сектора, уменьшилось. Это сократило фрагментацию регулятивного надзора среди государственных органов Узбекистана, но функции регулирования по-прежнему разделены между Министерством экономики и финансов и Центральным банком, а их полномочия по регулированию государственных ценных бумаг (крупнейшего класса активов, с большим отрывом опережающего другие классы активов) совпадают. После последних институциональных изменений Министерство финансов регулирует пенсионную систему, сферу аудита, страховой рынок и корпоративные ценные бумаги (и, следовательно, Республиканскую фондовую биржу «Тошкент»). С другой стороны, Центральный банк регулирует банковский сектор, валютный рынок (и, следовательно, Узбекскую республиканскую валютную биржу) и небанковские кредитные организации (Nazirov, 2020[24]). Ввиду того, что Министерство экономики и финансов имеет доли собственности (от 10 процентов в «Асакабанке» до 97 процентов в «Ипотека-банке») во всех крупных государственных банках, кроме одного, могут возникать конфликты интересов. Остальная часть доли государственной собственности в банках Узбекистана относится к ведению Фонда реконструкции и развития Республики Узбекистан (от 24 процентов в «Кишлок курилиш банке» до 88 процентов в «Туронбанке» при наличии долей во всех крупных государственных банках, кроме одного), который не выполняет функции регулирования (Miroshnikova, 2022[4]).

Литература

ADB (2021), *Proposed Programmatic Approach, Policy-Based Loan for Subprogram 1, and Technical Assistance Grant: Republic of Uzbekistan: Financial Markets Development Program*, Asian Development Bank (ADB), https://www.adb.org/sites/default/files/project-documents/53161/53161-001-rrp-en.pdf (accessed on 27 June 2023). [13]

ADB (2021), *Sector Assessment (Summary): Finance*, Asian Development Bank (ADB), https://www.adb.org/sites/default/files/linked-documents/53161-001-ssa.pdf (accessed on 27 June 2023). [17]

AFD (2022), *Financing the development of the green portfolio of Sanoat Qurilish Bank*, Agence française de développement (AFD), https://www.afd.fr/en/carte-des-projets/uzbekistan-financing-development-green-portfolio-sanoat-qurilish-bank (accessed on 27 June 2023). [11]

AkiPress (2022), "IFC to provide $50 [million] loan to Uzbekistan Industrial and Construction Bank", *AkiPress*, https://m.akipress.com/news:685042:IFC_to_provide_$50_loan_to_Uzbekistan_Industrial_and_Construction_Bank/ (accessed on 27 June 2023). [9]

Aris, B. (2021), "Uzbek banking privatisation gathering steam", *BNE Intellinews*, https://intellinews.com/uzbek-banking-privatisation-gathering-steam-229495/ (accessed on 27 June 2023). [8]

Bank for International Settlements and IOSCO (2012), *Principles for financial market infrastructure*, Bank for International Settlements and the International Organization of Securities Commissions (IOSCO), https://www.bis.org/cpmi/publ/d101a.pdf (accessed on 27 June 2023). [15]

Central Bank of Uzbekistan (2022), *Statistical Bulletin: January-September 2022*, Central Bank of Uzbekistan, Tashkent, https://cbu.uz/upload/medialibrary/fee/1yi6xtrrzd5nj9gi78h3wbzglno4hrw7/Statistical-bulletin-January_September-2022.pdf (accessed on 27 June 2023). [1]

Dettoni, J. (2019), "Uzbekistan greenlights 2020 capital market reform", *FDI Intelligence*, https://www.fdiintelligence.com/content/news/uzbekistan-greenlights-2020-capital-market-reform-75988 (accessed on 23 June 2023). [18]

EBRD (2022), *UzPSB pre-privatisation convertible loan*, European Bank for Reconstruction and Development (EBRD), https://www.ebrd.com/work-with-us/projects/psd/52808.html (accessed on 27 June 2023). [10]

Gazeta.Uz (2020), "Хоким Ташкента сообщил о планах по выпуску евробондов на $500 млн [Tashkent khokim informed of plans to issue USD 500 million of eurobonds]", *Gazeta.Uz*, https://www.gazeta.uz/ru/2020/11/14/eurobonds-tashkent/ (accessed on 27 June 2023). [22]

Government of Uzbekistan (2022), *О дополнительных мерах по внедрению эффективных механизмов поддержки рынка капитала [On additional measures to introduce effective mechanisms to support the capital market]*, https://lex.uz/ru/docs/5825751 (accessed on 27 June 2023). [19]

Government of Uzbekistan (2022), *О дополнительных мерах по дальнейшему сокращению государственного участия в экономике и ускорению приватизации [On additional measures for the further reduction of state participation in the economy and accelerating privatisation]*, https://lex.uz/ru/docs/5918985 (accessed on 27 June 2023). [7]

Government of Uzbekistan (2021), *Kapital bozorini yananda rivojlantirish chora-tadbirlari to'g'risida [On measures for further development of the capital market]*, https://lex.uz/docs/-5371091 (accessed on 14 June 2023). [16]

Government of Uzbekistan (2020), *О Стратегии реформирования банковской системы Республики Узбекистан на 2020-2025 годы [On the Strategy for the Reform of the Banking Sector of the Republic of Uzbekistan 2020-2025]*, https://lex.uz/ru/docs/4811037 (accessed on 27 June 2023). [5]

Government of Uzbekistan (2013), *Бюджетный кодекс Республики Узбекистан [Budget Code of the Republic of Uzbekistan]*, https://lex.uz/ru/m/acts/2304140 (accessed on 27 June 2023). [21]

Grata International (2021), *The President of the Republic of Uzbekistan adopted the Resolution "On measures for further improvement of the system of capital market regulation"*, https://gratanet.com/news/the-president-of-the-republic-of-uzbekistan-adopted-the-resolution-on-measures (accessed on 27 June 2023). [23]

Lillis, J. (2022), "Uzbekistan: Privatisation bounces back with revived bank buyout", *Eurasianet*, https://eurasianet.org/uzbekistan-privatization-bounces-back-with-revived-bank-buyout (accessed on 27 June 2023). [12]

Ministry of Employment and Poverty Reduction (2023), *Ключевые показатели рынка труда: Занятость в неформальной экономике [Key labour market indicators: Employment in the informal economy]*, https://data.gov.uz/rus/data/61c5b8d1ae25c8ecefc77852 (accessed on 28 June 2023). [2]

Miroshnikova, D. (2022), "Uzbekistan's Banking System Ownership Concentration and the Ongoing Privatization Process", *Review.Uz*, https://review.uz/en/post/uzbekistans-banking-system-ownership-concentration-and-the-ongoing-privatization-process (accessed on 27 June 2023). [4]

Nazirov, A. (2020), "Почему Узбекистану нужен единый финансовый регулятор. Колонка главы АРРК Атабека Назирова [Why Uzbekistan needs a single financial regulator. Column from the head of the Capital Market Development Agency (CMDA) Atabek Nazirov]", *Spot.Uz*, https://www.spot.uz/ru/2020/05/18/regulator/ (accessed on 27 June 2023). [24]

UNDP (2021), *Development Finance Assessment for the Republic of Uzbekistan*, United Nations Development Programme (UNDP), https://www.undp.org/uzbekistan/publications/development-finance-assessment-republic-uzbekistan (accessed on 23 June 2023). [3]

UNDP (2021), *Pre-Feasibility Study for Green Sukuk Issuance in the Republic of Uzbekistan*, United Nations Development Programme (UNDP), https://www.undp.org/policy-centre/istanbul/publications/pre-feasibility-study-green-sukuk-issuance-republic-uzbekistan (accessed on 27 June 2023). [20]

UzDaily (2022), “Sovcombank cancels the deal on the purchase of Uzagroexportbank”, *UzDaily*, https://www.uzdaily.uz/en/post/73711 (accessed on 27 June 2023). [6]

Yerzikov, V. (2023), “Лицензия внебиржевой платформы Elsis-Savdo приостановлена [Licence of over-the-counter trading platform Elsis Savdo suspended]”, *Kursiv*. [14]

Примечание

[1] Согласно прогнозам, в 2022 году ВВП составит 105,4 процента ВВП 2021 года.

5 Состояние «зеленых» финансов в Узбекистане. Возможности и барьеры для выпуска «зеленых» облигаций

В настоящей главе представлена потенциальная роль «зеленых» облигаций в финансировании перехода Узбекистана к «зеленой» экономике, приоритетные секторы для выпуска «зеленых» облигаций и барьеры, с которыми сталкиваются потенциальные эмитенты. Несуверенные эмитенты, в частности, субнациональные органы государственного управления и корпоративные структуры, сталкиваются с барьерами в форме существующих в стране нормативных требований, а также устойчивых пробелов в сфере знаний и квалификации, но имеется значительный потенциал для использования этого инструмента в целях финансирования «зеленых» проектов этих эмитентов. Прочие инструменты, подобные облигациям, такие как «зеленые» сукук (исламский инструмент с фиксированным доходом), могут оказаться действенными в деле мобилизации внутреннего спроса и служить альтернативным механизмом финансирования, если будут устранены нормативные препятствия для развития исламского финансирования в Узбекистане. Наибольшим потенциалом для эмиссий «зеленых» облигаций обладает энергетика, особенно проекты производства электроэнергии из возобновляемых ресурсов, но выпуск «зеленых» облигаций может также принести пользу проектам в сельском хозяйстве, сфере транспорта, жилищном и водном хозяйстве.

Вставка 5.1. Основные выводы и рекомендации

- «Зеленые» облигации являются дополнительным жизнеспособным источником финансирования «зеленого» перехода Узбекистана, особенно поддержки готовых для рынка проектов в сфере производства электроэнергии из возобновляемых ресурсов, а также в других сферах с высокой отдачей. Учитывая глобальные тенденции расширения рынка устойчивого финансирования, повышения спроса на устойчивые финансовые инструменты и обязательного раскрытия информации о климатических рисках среди финансовых организаций ряда юрисдикций, эмитенты Узбекистана могли бы диверсифицировать свой пул инвесторов, привлекая их инвестиции в «зеленые» облигации, содействующие достижению национальных целей переходного процесса.
- Узбекистану следует опираться на свой опыт, связанный с первыми двумя суверенными тематическими облигациями, используя перечни приоритетных инфраструктурных проектов отраслевых министерств. Правительству следует стремиться включить формирующуюся на международном уровне надлежащую практику в процессе уточнения недавно принятой национальной «зеленой» таксономии, которая поможет стандартизировать и оптимизировать отбор и оценку проектов.
- В настоящее время Бюджетный кодекс запрещает субнациональным органам государственного управления выпускать долговые инструменты. Ввиду большой доли расходов, производимых на субнациональном уровне, Узбекистану следует рассмотреть постепенную отмену этого ограничения, чтобы позволить отдельным субнациональным органам государственного управления, обладающим достаточным потенциалом, финансировать «зеленые» проекты посредством эмиссий «зеленых» облигаций.
- Государственные банки Узбекистана, которые вскоре будут приватизированы, проявляют все больший интерес к «зеленым» облигациям как к способу повышения репутации внутри страны и на международном уровне, а также привлечения финансирования от институциональных инвесторов с полномочиями на увеличение объема инструментов, соответствующих требованиям экологической, социальной и управленческой ответственности (ЭСУ), в своих портфелях. В августе 2023 года «Узпромстройбанк» (SQB) выпустил первую корпоративную «зеленую» облигацию Узбекистана. Правительству следует поощрять стремление банков находить возможности для развития потенциала, особенно с участием аналогичных банков, имеющих опыт выпуска «зеленых» облигаций.
- В настоящее время в Узбекистане нет нормативной основы для исламского финансирования, но имеются признаки того, что существует значительный спрос на исламские финансовые продукты. «Зеленые» сукук — инструмент, подобный облигации, соответствующий нормам шариата, — может быть дополнительным инструментом финансирования как органов государственного управления, так и корпоративных структур. Правительству следует создать необходимую нормативную основу и потенциал, чтобы сделать возможным выпуск «зеленых» сукук.

Как указано в главе 3, для достижения целей в области климата и развития Узбекистану необходимо мобилизовать финансирование из дополнительных источников, особенно из частного сектора. Узбекистан может использовать «зеленые» финансовые инструменты, в частности, «зеленые» облигации, для финансирования важнейших составляющих «зеленого» перехода, при укреплении и углублении внутреннего рынка капитала. Имеются возможности для расширения круга потенциальных эмитентов «зеленых» облигаций и видов инструментов, доступных на рынке, и их использования для финансирования «зеленого» перехода. Узбекистану следует стремиться опираться на опыт, связанный с выпусками первых трех тематических облигаций, улучшить благоприятную основу для содействия корпоративным эмиссиям, устранить законодательные препятствия для субнациональных органов государственного управления, а также использовать спрос внутри страны и на международном уровне на исламские «зеленые» финансовые инструменты, такие как сукук.

5.1. Роль «зеленых» облигаций и спрос на них в процессе перехода Узбекистана к «зеленой» экономике

Облигации являются потенциальным решением в отношении одного из основных барьеров для финансирования некоторых объектов устойчивой инфраструктуры — несоответствия по срокам погашения. Инфраструктурные проекты, и особенно проекты устойчивой инфраструктуры, характеризуются высокими начальными капитальными издержками и долгосрочными потоками доходов. В отличие от прямого финансирования банками и корпоративными структурами, облигации могут обеспечить наличие более долгосрочного заемного капитала для финансирования инфраструктурных проектов и рефинансирования более краткосрочных кредитов на потенциально более выгодных условиях. Хотя облигации вряд ли являются быстрым решением проблемы дефицита финансирования, они могут дополнять другие формы финансирования инфраструктуры в случае долгосрочных капиталоемких проектов (OECD, 2017[1]).

Узбекистан может принять решение финансировать инфраструктурные проекты с помощью традиционных (или простых) облигаций, связанных с менее жесткими ограничениями на использование поступлений от них эмитентом. Однако «зеленые» облигации (часть более широкой экосистемы тематических облигаций, включающих «зеленые» облигации, социальные облигации и облигации устойчивости) имеют несколько явных преимуществ для Узбекистана в условиях, когда он стремится финансировать переход к «зеленой» экономике. Как и традиционные облигации, тематические облигации представляют собой долговые инструменты, выпускаемые государством (суверенные облигации) или банками, прочими корпоративными структурами или наднациональными институтами (корпоративные облигации), по которым производятся регулярные выплаты по фиксированной процентной ставке (купонной ставке) держателям долговых обязательств, до тех пор пока не наступит срок погашения облигации. Тематические облигации отличаются от традиционных простых облигаций тем, что в случае «зеленых» облигаций, социальных облигаций и облигаций устойчивости использование поступлений от них ограничивается «зелеными» проектами, социальными проектами или сочетанием «зеленых» и социальных проектов (в случае облигаций устойчивости) (OECD, 2021[2]).

Хотя эти ограничения усложняют выпуск тематических облигаций, поскольку необходимо обеспечить защиту поступлений от них, вести тщательный мониторинг их использования и влияния, а также представлять данные по этим аспектам, уверенность, обеспечиваемая тематическими облигациями относительно использования поступлений, делает их особенно привлекательными для инвесторов с требованиями в отношении портфельных инвестиций ЭСУ. Среди инвесторов повышается осознание того, что в долгосрочной перспективе риски нефинансовой устойчивости могут оказывать значительное влияние на прибыль, взвешенную по риску, и поэтому инвесторы стремятся осуществлять инвестиции с более низкими климатическими рисками и прочими рисками ЭСУ. Несколько юрисдикций, в частности, Бразилия, ЕС, Канада, Новая Зеландия, Соединенное Королевство, США, Швейцария, уже сделали обязательным раскрытие информации о климатических рисках некоторыми финансовыми организациями, и, как ожидается их примеру последуют другие рынки, в частности, Индия, Китай и Япония (Jonson, 2022[3]). Растущий потребительский спрос ведет к быстрому расширению глобального рынка устойчивого финансирования. На пяти основных финансовых рынках (Австралии и Новой Зеландии, Европы, Канады, США и Японии) в период с 2016 до конца 2019 года совокупные устойчивые активы возросли на 30 процентов и достигли 30 трлн долларов США. Устойчивые фонды увеличили находящиеся в их управлении активы во всем мире, в 2019 году составлявшие почти 1 трлн долларов США, при этом 75 процентов активов принадлежали институциональным инвесторам и 25 процентов — розничным инвесторам (OECD, 2020[4]). Предлагая финансовые инструменты, подобные «зеленым» облигациям, призванные гарантировать низкие климатические риски и значимое влияние на экологические критерии, правительство Узбекистана и прочие потенциальные эмитенты, расположенные в Узбекистане, могут использовать дополнительный источник финансирования.

Эмитенты также извлекут дополнительную пользу от выпуска «зеленых» и прочих тематических облигаций. «Зеленые» облигации также могут оказывать положительное влияние на репутацию эмитента и помогают уточнить экологическую стратегию субъекта и демонстрировать его приверженность экологической устойчивости (OECD, 2016[5]). Кроме того, появляются доказательства (хотя и ограниченные) того, что тематические облигации могут иметь преимущества в отношении издержек над традиционными облигациями, в частности, это имело место в случае эмиссий суверенных облигаций в Германии, Египте, Индонезии, Таиланде и Чили. Это сравнительное преимущество, известное как ««зеленая премия», возникает в результате более низкой доходности тематических облигаций на вторичном рынке по сравнению с эквивалентными традиционными облигациями (OECD, 2021[2]). Как показывают последние данные, суверенные эмитенты с формирующимся рынком могут извлекать пользу от более устойчивого эффекта «зеленой премии», чем суверенные эмитенты с развитым рынком (OECD, 2023[6]).

Во всем мире в последние годы рынок суверенных тематических облигаций, а также рынок облигаций, привязанных к устойчивости, быстро развивается: в 2021 году их выпуск составил рекордные 1 151 млрд долларов США, более половины которого были представлены строго «зелеными» облигациями (World Bank, 2022[7]). Страны с формирующимся рынком являются небольшими, но растущими участниками этого рынка (см. рис. 5.1): на них приходится приблизительно 15 процентов совокупного объема выпуска. Основной объем таких облигаций выпущен финансовыми организациями (41 процент) и корпоративными структурами (37 процентов), а бо́льшая часть остального объема выпуска приходится на национальные органы государственного управления (13 процентов), а также субнациональные органы государственного управления, государственные ведомства и банки развития (8 процентов). Большинство эмиссий облигаций стран с формирующимся рынком размещено на международных биржах (76 процентов) и выражено в твердой валюте, такой как доллары США, евро и японская иена (74 процента эмиссий облигаций и 76 процентов объема) (World Bank, 2022[7]). Как показало проведенное Всемирным банком обследование 32 суверенных эмитентов тематических облигаций и облигаций, привязанных к устойчивости, основным мотивом решения этих суверенных эмитентов выпустить тематическую, а не традиционную облигацию, было желание диверсифицировать базу инвесторов. Другими наиболее часто указываемыми мотивами были желание заявить о приверженности устойчивости и желание привлечь финансирование, необходимое для устойчивых инвестиций (World Bank, 2022[7]).

Узбекистан определил «зеленые» облигации в качестве первоочередного инструмента для привлечения внутреннего и международного финансирования в целях «зеленого» перехода. В рамках принятого пакета мер для ускорения процесса перехода страны к «зеленой» экономике Узбекистан поручил Министерству экономики и финансов разработать предложения по привлечению частного капитала посредством эмиссий «зеленых» облигаций для «зеленой» инфраструктуры.

Помимо поддержки потенциальных эмитентов, министерство, как ожидается, разработает национальную «зеленую» таксономию и улучшит нормативную основу для содействия выпуску «зеленых» облигаций (Government of Uzbekistan, 2022[8]). «Зеленая» таксономия представляет собой систему классификации экономической деятельности и финансовых продуктов на основе конкретных экологических критериев (а иногда также социальных критериев и критериев в сфере управления). В октябре 2023 года Узбекистан принял национальную «зеленую» таксономию, в которой определено семь категорий «зеленой» экономической деятельности. Начиная с 1 октября 2024 года определения этой таксономии будет применяться на экспериментальной основе ко всем «зеленым» облигациям и кредитам в стране (Government of Uzbekistan, 2023[9]). Как показал опыт других стран, разработка функционирующей «зеленой» таксономии представляет собой итеративный процесс ее постепенных улучшений, пересмотров и расширений. Узбекистану следует стремиться использовать формирующуюся надлежащую практику, которая уже наработана в юрисдикциях, и ставить задачу четко классифицировать экономическую деятельность, согласующуюся с целями в области окружающей среды и развития Узбекистана. Несколько юрисдикций, в частности, Европейский союз, Индонезия, Казахстан, Китай и Монголия, приняли такие таксономии, которые являются весьма различными по охвату, количеству категорий и лежащим в их основе методологиям (OECD, 2020[10]). По мере того как Узбекистан будет далее уточнять свою таксономию, ему следует стремиться к ее согласованию с более смелыми будущими целями в области климата, например, такими как задача достижения нулевого чистого уровня выбросов и долгосрочная стратегия развития с низким уровнем выбросов. Возможно, потребуется укрепить требования к представлению корпоративной отчетности, чтобы добиться раскрытия информация об устойчивости деятельности и доверия к этой информации.

Рисунок 5.1. В последние годы процесс выпуска суверенных тематических облигаций и облигаций, привязанных к устойчивости, в странах с формирующимся рынком резко ускорился

В миллиардах долларов США, до 2016 года, 2016–2022 годы и январь–сентябрь 2023 года

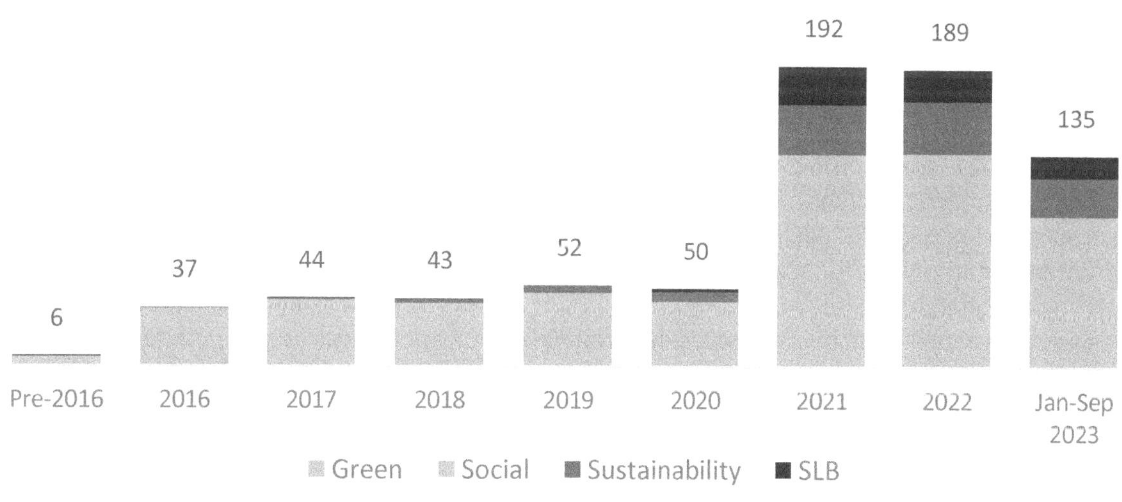

Перевод: Green = «Зеленые»; Social = Социальные; Sustainability = Устойчивости; LSB = ОПУ, или облигация, привязанная к устойчивости.
Примечание. Всемирный банк относит некоторые страны ОЭСР (Колумбию, Мексику, Польшу и Чили) к категории «стран с формирующимся рынком».
Источник: World Bank (2023[11]), "Green, Social, Sustainability, and Sustainability-linked (GSSS) Bonds Market Update October 2023", https://thedocs.worldbank.org/en/doc/3d313e4819de8d6bcb4238f253874b0f-0340012023/original/GSSS-Quarterly-Newsletter-Issue-No-5.pdf.

5.2. Потенциальные виды эмиссий «зеленых» облигаций

5.2.1. Суверенные облигации

В странах с формирующимся рынком, как отвечающих установленным критериям для получения официальной помощи в целях развития (ОПР), так и не отвечающих этим критериям, на настоящий момент преобладают эмиссии корпоративных тематических облигаций. Однако среди стран, отвечающих установленным критериям для получения ОПР, как Узбекистан, эмиссии государственного сектора, в основном суверенных облигаций, составляют более половины эмиссий (OECD, 2021[2]). Учитывая размер государственных бюджетов и роль, которую играют суверенные эмиссии в обеспечении инструментов бенчмаркинга для развития национального рынка, суверенные эмитенты обладают широкими возможностями для содействия развитию национального рынка тематических облигаций (OECD, 2021[2]). Таким образом, тот факт, что первые попытки финансирования за счет тематических облигаций в Узбекистане были предприняты правительством в форме суверенных облигаций, согласуется с такими попытками сопоставимых стран, отвечающих установленным критериям для получения ОПР.

Хотя первая эмиссия суверенных (традиционных) облигаций Узбекистана датируется лишь 2019 годом, Узбекистан быстро начал экспериментировать с суверенными тематическими облигациями. В ноябре 2020 года Узбекистан предложил двухтраншевую облигацию (так называемую «облигацию организаций по финансированию в области развития (ОФР)»), состоявшую из 10-летнего транша в размере 555 млн долларов США и 3-летнего транша в размере 2 трлн узбекских сумов. Эта облигация привлекла широкую базу инвесторов, в результате чего установленная сумма подписки была превышена в 2,5 раза. Часть поступлений от облигации ОФР используются в нескольких проектах социального развития, значимых для социальных Целей в области устойчивого развития (ЦУР), в частности, строительства школ (ЦУР 4), медицинских учреждений (ЦУР 3), водопровода и канализации (ЦУР 6), а также автодорог (ЦУР 9). Кроме того, за счет этой облигации финансируются программы социального обеспечения для поддержки женщин (ЦУР 5), детей и безработных (ЦУР 1 и 8) (UNDP, 2022[11]).

В июле 2021 года Узбекистан выпустил первую суверенную тематическую облигацию (так называемую «облигацию ЦУР») — облигацию устойчивости, призванную содействовать достижению социальных и климатических ЦУР (ЦУР 1–9, 11, 13 и 15). В процессе подготовки эмиссии облигации ЦУР правительство Узбекистана разработало Рамочную программу облигаций ЦУР при поддержке Программы развития ООН (ПРООН). Компания Sustainalytics представила заключение второй стороны в отношении этой Рамочной программы, в котором делает вывод о том, что Рамочная программа согласуется с Руководящими принципами в отношении облигаций устойчивости 2021 года, Принципами в отношении «зеленых» облигаций 2021 года и Принципами в отношении социальных облигаций 2021 года. Поскольку Рамочная программа облигаций ЦУР согласуется с международными стандартами тематических облигаций, ее также можно использовать для выпуска «зеленых» облигаций, и в октябре 2023 года была выпущена вторая суверенная тематическая облигация — на этот раз «зеленая» облигация (Ministry of Economy and Finance, 2023[12]). Информация об этой второй эмиссии еще готовится к публикации — вместо этого в остальной части настоящей главы внимание сосредоточено на выпуске первой суверенной тематической облигации.

В Рамочной программе облигаций ЦУР «порядком оценки и отбора проектов» определяется четырехэтапный процесс, согласно которому ключевые министерства разрабатывают перечень потенциально приемлемых для финансирования социально-экономических, экологических и инфраструктурных проектов, которые затем проверяются Департаментом государственного долга Министерства экономики и финансов (и ПРООН, выступающей в качестве наблюдателя и оценщика-партнера) и анализируются в соотнесении с критериями соответствия требованиям

Рамочной программы и ЦУР Департаментом по работе с международными рейтингами и индексами Министерства экономики и финансов и Координационным советом по ЦУР, возглавляемым заместителем премьер-министра. Консультации ОЭСР с отраслевыми министерствами Узбекистана, состоявшиеся в ходе визита 2022 года, указывали на то, что вклад отраслевых министерств в процесс отбора проектов для эмиссии 2021 года был ограниченным. В целях будущих эмиссий отраслевые министерства Узбекистана, регулярно публикующие перечни первоочередных инфраструктурных проектов, для которых необходимо финансирование в соответствующих секторах, могут повысить пользу процесса отбора проектов путем включения своих первоочередных проектов в перечни проектов с высокой отдачей, подлежащих финансированию.

Что касается использования поступлений, Координационный совет по ЦУР Узбекистана принял решение сузить круг сфер, в которых используются поступления от облигаций в узбекских сумах, и сосредоточить эти поступления преимущественно на общественном транспорте (54 процента), здравоохранении (22 процента), образовании (17 процентов) и водном хозяйстве (7 процентов), в том числе устойчивом водоснабжении и санитарии, а также системах противопаводковой защиты. Согласно данным отчета о распределении поступлений от облигации, только поступления от транша, выраженного в узбекских сумах, выделялись целевым назначением на расходы, связанные с ЦУР, а поступления от транша, выраженного в долларах США, способствовали достижению общих бюджетных целей. Сто сорок пять проектов, которые финансировались или совместно финансировались за счет поступлений от транша облигации в узбекских сумах, были отобраны в связи с их большим влиянием на приоритетные направления для достижения Узбекистаном ЦУР и приемлемостью этих проектов для банков (UNDP, 2022[13]).

Как и облигация ОФР, облигация ЦУР была организована в форме двухтраншевой облигации, состоящей из транша в размере 635 млн долларов США с процентной ставкой 3,9 процента в течение 10,25 года и транша в размере 2,5 трлн узбекских сумов (приблизительно 235 млн долларов США) с процентной ставкой 14 процентов в течение 3 лет. В случае обоих траншей установленная сумма подписки была превышена в 3,5 раза в отношении транша, выраженного в долларах США, и в 1,5 раза в отношении транша, выраженного в узбекских сумах. Транш в долларах США привлек инвесторов в основном из США (56 процентов), Соединенного Королевства (19 процентов) и континентальной Европы (23 процента), и лишь 2 процента инвесторов были из Азии, региона Ближнего Востока и Северной Африки (2 процента). В случае транша в узбекских сумах крупнейшая доля инвесторов была из Соединенного Королевства (43 процента), за которым следовали континентальная Европа (24 процента) и США (23 процента). В случае транша в узбекских сумах инвесторы Азии, Ближнего Востока и Северной Африки составляли более крупную долю инвесторов (10 процентов). Компании по управлению активами и фонды составляли 92 процента инвесторов, остальная часть инвесторов в случае обоих траншей была представлена страховыми и пенсионными фондами (4–5 процентов) и банками (3–4 процента) (UNDP, 2022[13]).

5.2.2. Субсуверенные облигации: субнациональные органы государственного управления, государственные ведомства и государственные предприятия

Национальные органы государственного управления — не единственные государственные структуры, которые могут выпускать тематические облигации. В мире суверенные органы государственного управления выпускают большинство тематических облигаций в странах, отвечающих установленным критериям для получения ОПР, но субнациональные органы государственного управления и государственные ведомства, в том числе государственные предприятия (ГП), обладают потенциалом использовать тематические облигации в качестве эффективного инструмента в процессе перехода к «зеленой» экономике. В развитых странах и странах с формирующимся рынком, не отвечающих установленным критериям для получения ОПР, субсуверенные облигации составляют более крупную долю эмиссий, чем суверенные облигации (OECD, 2022[14]).

В Узбекистане субнациональные органы государственного управления должны поддерживать сбалансированные бюджеты и не могут выпускать долговые обязательства, что препятствует их доступу к рынкам капитала и использованию ими традиционных облигаций или тематических облигаций для финансирования своих потребностей. Несмотря на это, город Ташкент объявил о планах выпуска облигации в размере 500 млн долларов США на национальном рынке после того, как в 2020 году правительство сделало исключение из правила о сбалансированном бюджете города. За счет планируемой эмиссии финансировалась бы модернизация систем водоснабжения и управления отходами города, а также более широкие улучшения инфраструктуры. Однако этот план не был реализован. В ходе консультаций ОЭСР с представителями хокимията города Ташкента должностные лица сообщили, что они были не в состоянии обеспечить, чтобы Министерство финансов выступило в качества гаранта этого долгового инструмента, и что в будущем для выпуска облигаций хокимиятом необходимо внести дополнительные изменения в законодательство и регулирование. Учитывая, что субнациональные органы государственного управления составляют 56 процентов совокупных национальных расходов, субсуверенные эмиссии субнациональных органов государственного управления могут служить способом осуществления местными жителями прямых инвестиций в развитие своего сообщества.

В Казахстане, где первоначально действовало аналогичное ограничение на субнациональные долговые обязательства, были постепенно расширены исключения за счет охвата ими отдельных региональных органов государственного управления, обладающих достаточным потенциалом для выпуска облигаций. Начиная с 2016 года Бюджетный кодекс разрешает органам государственного управления четырнадцати областей выпускать облигации под строгим надзором Министерства финансов в том, что касается управления долгом и использования поступлений (OECD, 2016[15]). По состоянию на май 2023 года три облигации, выпущенные субнациональными органами государственного управления, обращаются на фондовом рынке Казахстана. Их совокупный объем составляет лишь приблизительно 1 процент совокупного рынка государственных ценных бумаг (Kazakhstan Stock Exchange, 2023[16]), но поступления от этих облигаций служат жизненно важным дополнительным источником финансирования для областных органов государственного управления. Узбекистан мог бы принять аналогичный подход, расширив исключения из Бюджетного кодекса за счет охвата ими отдельных субнациональных органов государственного управления, обладающих достаточным потенциалом (например, города Ташкента) при выполнении Министерством экономики и финансов функций гаранта этого процесса и органа надзора за ним. Если первые эмиссии будут успешными и будут хорошо организованы, Узбекистан сможет постепенно снять ограничения на долговые обязательства в большем числе регионов и в перспективе реформировать свой Бюджетный кодекс для содействия выпуску субнациональных облигаций.

На настоящий момент два ГП, производитель автомобилей UzAuto Motors и холдинговая компания нефтегазовой промышленности «Узбекнефтегаз», выпустили традиционные облигации на международных рынках. В отличие от субнациональных органов государственного управления, ГП Узбекистана не сталкиваются с такими же барьерами в том, что касается бюджетных правил и обеспечения гарантий от государства.

Поступления от эмиссий облигаций не направлялись на деятельность, значимую для «зеленого» перехода. Учитывая, что на ГП приходится почти половина объема производства экономики и 80 процентов государственных инвестиций в важнейших для «зеленой» экономики секторах, в частности, в сферах производства энергии из возобновляемых ресурсов, энергоэффективности и управления водными ресурсами, тематические облигации могут служить жизнеспособным способом финансирования «зеленых» преобразований компаний с высокой отдачей, при этом также позволяя им диверсифицировать своих кредиторов и снижая их издержки, связанные с финансированием. Компании UzAuto Motors тематическая облигация может помочь отреагировать на продвижение правительством увеличения производства электромобилей внутри страны при привлечении новых инвесторов и приобретении международной репутации.

Хотя ни одна из компаний не указана в планах Узбекистана по приватизации, эмиссии облигаций (особенно выпуск конвертируемых облигаций, которые могут быть конвертированы держателями облигаций в заранее установленное число акций) могут помочь постепенно приватизировать государственные предприятия. Такие эмиссии демонстрируют готовность правительства отчуждать свои пакеты акций, могут повысить ожидания относительно стоимости акций компании, подкрепляют реформу в сфере корпоративного управления и способствуют более жесткой финансовой дисциплине. Однако, поскольку то, конвертировать ли облигацию в акции и когда это делать, решают инвесторы, а неудовлетворительные показатели акций могут привести к непроведению конвертации и замедлению процесса приватизации, правительства зачастую предпочитают более предсказуемые методы приватизации (OECD, 2019[17]).

5.2.3. Корпоративные облигации

На настоящий момент все эмиссии корпоративных облигаций Узбекистана осуществлены ГП (см. выше) и государственными банками, а именно Национальным банком Узбекистана, «Узпромстройбанком» (SQB) и «Ипотека-банком». Правительство планирует в ближайшие годы приватизировать два последних банка, хотя процесс приватизации задерживается из-за нестабильных условий на рынке.

Ввиду установленной правительством приоритетной задачи привлечения внутреннего и международного капитала посредством «зеленых» облигаций государственные банки Узбекистана проявляют все больший интерес к организации эмиссий. В ноябре 2022 года ОЭСР организовала двухдневный семинар по коллегиальному обучению представителей SQB, одного из крупнейших государственных банков Узбекистана, и Ameriabank, ведущего армянского банка, ставшего первопроходцем в процессе внедрения «зеленых» облигаций в регионе Восточной Европы, Кавказа и Центральной Азии (ВЕКЦА) (см. вставку 5.2). Многие крупные государственные банки в Узбекистане, составляющие большую часть банковского сектора страны, в ближайшие годы планируется приватизировать, и они проявляют все больший интерес к долговым инструментам в условиях, когда они будут больше опираться на рынки, чем на государственные субсидии. Банки не сталкиваются с такими же ограничениями в сфере законодательства и регулирования, как другие потенциальные эмитенты, такие как субнациональные органы государственного управления, но вместо этого испытывают нехватку практического опыта в сфере разработки и использования долговых инструментов и особенно тематических облигаций, требующих наличия более прочных механизмов обеспечения прозрачности, мониторинга и соблюдения установленных норм. Процедуры коллегиального обучения между банками и особенно банками, функционирующими в финансовых экосистемах со схожими проблемами и уровнями развития, могут помочь повысить потенциал и определить возможности для внедрения «зеленых» облигаций и прочих финансовых инструментов.

Вставка 5.2. Опыт Ameriabank, связанный с «зелеными» облигациями, и рекомендации банку SQB

Ameriabank стал первым банком в регионе, в 2020 году выпустившим «зеленую» облигацию, выраженную в евро, в частном порядке на Фондовой бирже Армении с участием Банка развития Нидерландов (FMO) в качестве основного инвестора. В 2022 году последовала вторая эмиссия Ameriabank с траншами, выраженными как в долларах США, так и в армянских драмах, национальной валюте. Ввиду общей истории советской эпохи банковских систем Армении и Узбекистана опыт Ameriabank, связанный с его преобразованием из государственного банка в частный банк и последующим внедрением «зеленых» финансовых инструментов, делает взгляд этого банка на возникающие проблемы и извлеченные уроки особенно значимым для SQB.

Рамочная программа «зеленых» облигаций Ameriabank (базовый документ, определяющий отвечающие установленным критериям «зеленые» активы и таксономию критериев исключения) была принята в 2020 году и, как определено в заключении второй стороны (ЗВС) компании Sustainalytics, соответствует Принципам в отношении «зеленых» облигаций и Принципам в отношении «зеленых» кредитов 2018 года. На семинаре ОЭСР в 2022 году представители Ameriabank подчеркивали важность определения целевых показателей воздействия, которые могут быть измерены, для определенных критериев соответствия требованиям, таких как количественные целевые показатели выбросов парниковых газов. Ввиду отсутствия в некоторых «зеленых» проектах достаточных критериев измерения Ameriabank предпочитал направлять поступления от своих первых эмиссий на проекты возобновляемых источников энергии, в сферы устойчивых зданий, энерго- и ресурсоэффективности, а также устойчивого транспорта. В будущем, по мере того как будут совершенствоваться методы измерения и банк будет накапливать дальнейший опыт, он ставит задачу включать другие «зеленые» категории, приведенные в Рамочной программе «зеленых» облигаций. Важно отметить, что вызывающая доверие Рамочная программа «зеленых» облигаций должна определять критерии исключения из процесса получения поступлений от «зеленых» облигаций. В случае Ameriabank из Рамочной программы «зеленых» облигаций банка явным образом исключены станции для производства электроэнергии, работающие на ископаемом топливе (в том числе установки, работающие на возобновляемых ресурсах в сочетании с ископаемым топливом), крупные (>20 МВт) гидроэлектростанции и атомные мощности для производства электроэнергии.

При том что Ameriabank получает выгоды от своего опыта, связанного с «зелеными» облигациями, от приобретения репутации пользующейся доверием, устойчивой финансовой организации внутри страны и на международном уровне и от увеличения своей доли рынка как крупнейшего банка страны, Ameriabank предостерегал от поспешного начала процесса выпуска «зеленых» облигаций. Представители Ameriabank подчеркивали, что для того чтобы процесс выпуска «зеленых» облигаций был успешным и полезным, банкам следует обращаться за международными рекомендациями и поддержкой, разработать высококачественную основу, соответствующую международным стандартам, и собственную стратегию развития банка, а также укрепить механизмы измерения, надзора, обеспечения прозрачности и соблюдения установленных норм. До первого листинга облигации в частном порядке Ameriabank совместно с банком FMO и другими международными организациями с 2009 года работал над созданием своей системы экологического и социального мониторинга. «Зеленые» облигации сопряжены с потенциальными рисками для репутации в случаях, когда обнаруживаются нарушения правил, установленных Рамочной программой, и проекты, проверка и мониторинг которых осуществляются ненадлежащим образом, могут привести к обвинениям в «зеленом камуфляже».

Представители Ameriabank рекомендовали, чтобы SQB стремился заручиться поддержкой руководителей высшего и среднего звена банка и обеспечил их надлежащее информирование о выгодах и потенциальных рисках «зеленых» облигаций. При том что в случае более поздних эмиссий может возникнуть «зеленая премия», не следует использовать ее как коммерческое преимущество, и Ameriabank не наблюдал эффекта «зеленой премии» в своих эмиссиях. Вместо этого банкам следует внедрять «зеленые» облигации как часть более широкой, комплексной стратегии в области устойчивости и позиционировать себя как вызывающие доверие структуры по устойчивому финансированию.

Развивающийся рынок «зеленых» ипотечных кредитов Узбекистана открывает еще одну возможность для выпуска «зеленых» облигаций. Эти ипотечные кредиты, предоставляемые в основном банками «Кишлок курилиш банк» и «Ипотека-банк», предоставляются под более низкие процентные ставки для домов, спроектированных таким образом, чтобы сократить потребление воды и энергоресурсов. Эти банки, а также «Компания по рефинансированию ипотеки Узбекистана» могли бы разрабатывать облигации, обеспеченные «зеленой» ипотекой, на внутреннем рынке капитала.

5.2.4. Сукук

Большинство граждан Узбекистана считают себя мусульманами, и приблизительно 27 процентов граждан не имеют банковских счетов, ссылаясь на причины, связанные с их вероисповеданием. Это указывает на то, что в стране может существовать значительный отложенный спрос на исламские финансовые услуги и продукты. Исламское финансирование отличается от традиционного финансирования тем, что оно соответствует исламским правовым принципам, таким как запрет процентов (риба). В настоящее время в Узбекистане не существует нормативной основы исламского финансирования, и в стране имеются значительные пробелы в сфере осведомленности и знаний об исламском финансировании (UNDP, 2021[18]). В ходе консультаций с ОЭСР в 2022 году несколько ключевых участников рынка, в частности, Министерство финансов, Центральный банк и Республиканская фондовая биржа «Тошкент», отмечали, что исламское финансирование может служить жизнеспособным способом привлечения отечественных и иностранных инвесторов и развития внутреннего рынка капитала.

Одним из исламских финансовых инструментов, представляющих особый интерес, являются сукук — сопоставимый с облигацией инструмент с фиксированным доходом, соответствующий нормам шариата. В отличие от облигаций, по сукук не выплачиваются проценты, которые запрещены исламским правом, но вместо этого обеспечивается сопоставимый поток выплат в форме прибыли или ренты в течение фиксированного периода погашения. Для обеспечения этого в широком плане сукук представляют собой частичное право собственности на реальные материальные активы или договор с базовой структурой, хотя право собственности и выплаты прекращаются, когда наступает срок погашения инструмента. Сукук могут быть организованы согласно нескольким разным договорам, в частности, сукук иджара (договор аренды) и сукук вакала (договор «принципал–агент»), — двум наиболее часто используемым структурам «зеленых» сукук. Выбор структуры зависит от таких факторов, как характер базовых активов, аспекты налогообложения и регулирования, аспекты обращаемости, прибыль (фиксированная или плавающая), тип эмитента (суверенный или корпоративный), целевая база инвесторов и подход с позиций шариата исследователей, одобряющих выпуск сукук. Во всех случаях поступления от сукук, как и от «зеленых» облигаций, нельзя использовать для финансирования определенных видов деятельности. В случае традиционных сукук к исключаемым видам деятельности относится производство алкоголя и свинины; в «зеленых» сукук применяются дополнительные критерии исключения деятельности, причиняющей вред окружающей среде, и критерии соответствия требованиям в отношении «зеленой» продукции (Refinitiv, 2022[19]).

Сукук, как и облигации, могут выпускаться суверенными или корпоративными структурами и бывают традиционными и тематическими, в частности, «зелеными», социальными, сукук устойчивости и сукук, привязанными к устойчивости. После первой эмиссии Малайзии в 2017 году рынок сукук быстро расширяется (см. рис. 5.2). Большинство эмиссий имело место в Индонезии (27 процентов), Малайзии (20 процентов), Саудовской Аравии (13 процентов) и Объединенных Арабских Эмиратах (8 процентов), при этом большая доля эмиссий также приходится на наднациональные организации (24 процента), в частности, на Исламский банк развития. Страны Центральной Азии пока отсутствуют на рынке «зеленых» сукук, хотя в 2012 году Банк развития Казахстана выпустил традиционные сукук, а Международный финансовый центр «Астана» позиционирует себя как исламский финансовый центр, с 2018 года предлагающий исламские финансовые продукты и услуги в Казахстане, а также привлекающий кросс-листинг сукук, выпущенных Катарским международным исламским банком. Узбекистану могут быть полезны специальные знания организаций этих стран в условиях, когда он стремится содействовать внедрению «зеленых» сукук (Refinitiv, 2022[19]).

Рисунок 5.2. С 2017 года рынок «зеленых», социальных, привязанных к устойчивости сукук и сукук устойчивости расширился более чем десятикратно

Выпуски «зеленых», социальных, привязанных к устойчивости сукук и сукук устойчивости в миллионах долларов США, 2017–2021 годы и первое полугодие 2022 года

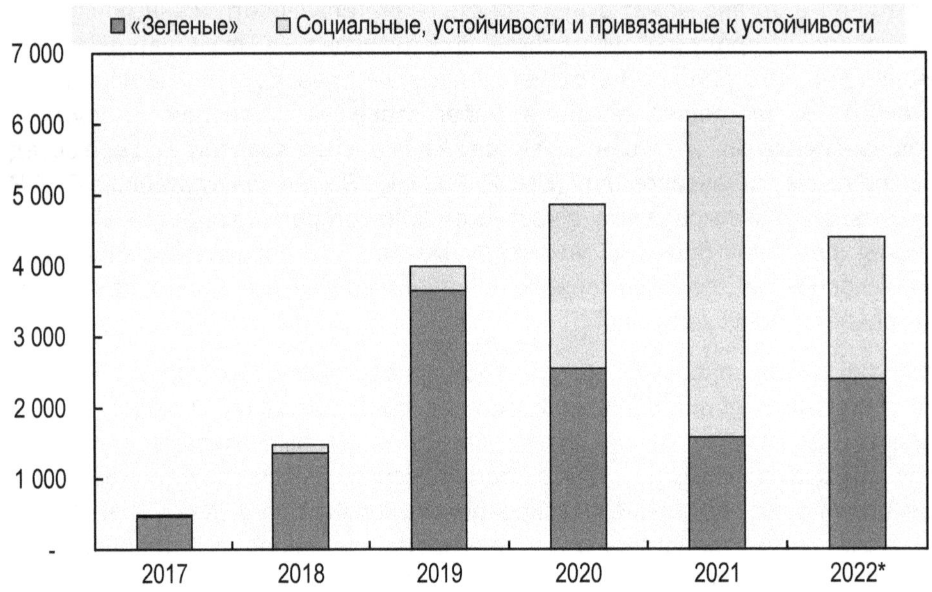

Примечание. *2022 год охватывает только первое полугодие.
Источник: Refinitiv (2022[19]), *Green and sustainability sukuk report 2022*, https://www.refinitiv.com/content/dam/marketing/en_us/documents/gated/reports/green-sustainability-sukuk-report-2022.pdf.

Международные организации оказывают поддержку правительству Узбекистана в его усилиях, изложенных в Программе развития рынка капитала в 2021–2023 годах, по созданию необходимых нормативных и рыночных условий для внедрения исламского финансирования и «зеленых» сукук. Программа развития ООН (ПРООН) и Исламский банк развития начали реализацию проекта технической помощи, направленного на создание соответствующей нормативно-правовой основы, а также на разработку Национальной рамочной программы «зеленых» сукук Узбекистана. В 2022 году ПРООН, Министерство финансов (в настоящее время Министерство экономики и финансов), Исламская корпорация по развитию частного сектора (ИКРЧС) и компания Ansher Capital LLC провели вебинар, призванный повысить осведомленность об инструментах исламского финансирования и заинтересованность в них, а также определить первоочередные направления дальнейшей работы.

5.3. Потенциальные секторы для финансирования за счет «зеленых» облигаций

Тематические облигации, такие как «зеленые» облигации, социальные облигации и облигации устойчивости, а также тематические сукук являются потенциально полезными инструментами для финансирования части «зеленого» перехода Узбекистана, а определенные секторы, в связи с их высокой долей в выбросах парниковых газов Узбекистана и готовым для рынка характером проектов, которые они могут предложить, являются особенно хорошими кандидатами для изучения потенциала этих инструментов на раннем этапе.

Важнейшим сектором является энергетика, поскольку она оказывает наибольшее воздействие на окружающую среду и, следовательно, обладает наибольшим потенциалом для реализации проектов, относящихся к переходному процессу. В качестве сфер с огромным потенциалом для содействия развитию «зеленой» экономики также можно указать сферу транспорта, сельское хозяйство, жилищное и водное хозяйство, поскольку в сферах строительства и управления водными ресурсами начат и реализован ряд «зеленых» проектов.

- Энергетика. В энергетике Узбекистана, в которой доминирующую роль играет природный газ, рынок возобновляемых энергоресурсов становится более привлекательным для инвесторов отчасти благодаря государственной поддержке и программам стимулов. К 2030 году Узбекистан планирует диверсифицировать свою систему производства электроэнергии, интегрировав в нее больше солнечных фотоэлектрических станций (8 процентов) и ветряных электростанций (7 процентов). В условиях развития рынков возобновляемых энергоресурсов в мире и укрепления полномочий инвесторов на осуществление инвестиций в финансовые продукты, соответствующие требованиям экологической, социальной и управленческой ответственности (ЭСУ), государственные организации и организации, которые вскоре будут частными, могли бы группировать готовые для рынка проекты производства электроэнергии из возобновляемых ресурсов в привлекательные инструменты рынка долговых обязательств. Проекты энергоэффективности, в частности, в жилищном хозяйстве страны, также могут служить вкладом в портфель проектов облигации. Оба типа проектов уже включались в выпуск суверенной облигации ЦУР Узбекистана, что демонстрировало их жизнеспособность.
- Транспорт. Правительство Узбекистана определило производство и внедрение электромобилей внутри страны в качестве одной из первоочередных задач для «зеленого» развития сферы транспорта. UzAuto Motors, одно из двух ГП, на настоящий момент выпустивших облигацию в Узбекистане, и другие компании по производству транспортных средств в Узбекистане могли бы внести вклад в продвижение электромобилей правительством и диверсифицировать свои источники финансирования путем выпуска «зеленых» облигаций на основе проектов развития этой сферы.
- Сельское хозяйство. В сельском хозяйстве занята приблизительно четверть населения Узбекистана, и этот сектор имеет важное значение как для предложения продовольствия внутри страны, так и для его экспорта. Ряд экологических проблем, в частности, связанных с рациональным водопользованием и утратой биоразнообразия, еще предстоит решить, и некоторые аспекты «зеленого» перехода этого сектора можно финансировать за счет эмиссий «зеленых» облигаций. Проекты улучшения водоснабжения (в настоящее время осуществляемого посредством неэффективной обширной сети плотин, каналов и насосных станций) и ирригации, а также внедрения устойчивых методов земледелия, пастбищного хозяйства и управления отходами могут отвечать установленным критериям для включения в выпуски «зеленых» облигаций органов государственного управления, банков и соответствующих корпоративных структур.

- Жилищное хозяйство. В Узбекистане существует зарождающийся рынок «зеленых» ипотечных кредитов, на котором банки начинают предлагать более низкие ставки для домов, спроектированных таким образом, чтобы сократить потребление воды и энергоресурсов. Хотя в настоящее время банки сталкиваются с нормативными ограничениями, запрещающими выпускать ценные бумаги, обеспеченные ипотекой, в будущем банки и «Компания по рефинансированию ипотеки Узбекистана» могли бы разрабатывать «зеленые» облигации, обеспеченные ипотекой.
- Водоснабжение и водоотведение. Узбекистан уже включал ряд проектов водоснабжения и водоотведения в свою первую эмиссию суверенной облигации ЦУР. Аналогичные подходы могут быть приняты к эмиссиям субсуверенных облигаций при условии, что будут устранены барьеры в сфере законодательства и регулирования.

Литература

Government of Uzbekistan (2023), *Миллий “яшил” иқтисодиёт таксономиясини тасдиқлаш тўғрисида [On the approval of the National Green Taxonomy]*, https://static.norma.uz/doc/doc_9/561.pdf. [9]

Government of Uzbekistan (2022), *О мерах по повышению эффективности реформ, направленных на переход Республики Узбекистан на «зеленую» экономику до 2023 года [On measures to improve the efficacy of reforms aimed at transitioning the Republic of Uzbekistan to a green economy by 2030]*, https://lex.uz/ru/docs/6303233 (accessed on 21 June 2023). [8]

Jonson, E. (2022), *The Complete Guide to National Climate-Related Disclosures*, Carbon Cloud, https://carboncloud.com/2022/09/08/mandatory-climate-disclosures/ (accessed on 28 June 2023). [3]

Kazakhstan Stock Exchange (2023), *Обзор рынка государственных ценных бумаг: Май 2023 [Overview of the government securities market: May 2023]*, Kazakhstan Stock Exchange, https://kase.kz/files/newsletter_gs/ru/Gov_sec_05_ru.pdf (accessed on 28 June 2023). [16]

Ministry of Economy and Finance (2023), *The Republic of Uzbekistan for the first time placed “green” international bonds in the national currency*, https://www.imv.uz/en/news/category/yangiliklar/post-1621 (accessed on 21 November 2023). [12]

OECD (2023), *Green, Social and Sustainability Bonds in Developing Countries: The Case for Increased Donor Co-ordination*, https://www.oecd.org/dac/green-social-sustainability-bonds-developing-countries-donor-co-ordination.pdf. [6]

OECD (2022), *Green, social, sustainability and sustainability-linked bonds in developing countries: How can donors support public sector issuances?*, OECD, Paris, https://www.oecd.org/dac/green-social-sustainability-and-sustainability-linked-bonds.pdf (accessed on 27 June 2023). [14]

OECD (2021), *Scaling up Green, Social, Sustainability and Sustainability-linked Bond Issuances in Developing Countries*, OECD, Paris, https://one.oecd.org/document/DCD(2021)20/En/pdf (accessed on 27 June 2023). [2]

OECD (2020), *Developing Sustainable Finance Definitions and Taxonomies: A Brief for Policy Makers*, OECD, Paris, https://www.oecd.org/environment/cc/developing-sustainable-finance-definitions-and-taxonomies-brief-for-policy-makers.pdf (accessed on 28 June 2023). [10]

OECD (2020), *OECD Business and Finance Outlook 2020: Sustainable and Resilient Finance*, OECD, Paris, https://doi.org/10.1787/eb61fd29-en (accessed on 28 June 2023). [4]

OECD (2020), *OECD Business and Finance Outlook 2020: Sustainable and Resilient Finance*, OECD, Paris, https://doi.org/10.1787/eb61fd29-en (accessed on 28 June 2023). [22]

OECD (2019), *Corporate Governance: A Policy Maker's Guide to Privatisation*, OECD, Paris, https://doi.org/10.1787/ea4eff68-en (accessed on 27 June 2023). [17]

OECD (2019), *Corporate Governance: A Policy Maker's Guide to Privatisation*, OECD, Paris, https://doi.org/10.1787/ea4eff68-en (accessed on 27 June 2023). [23]

OECD (2017), *Mobilising Bond Markets for a Low-Carbon Transition*, OECD, Paris, https://doi.org/10.1787/24090344 (accessed on 28 June 2023). [1]

OECD (2017), *Mobilising Bond Markets for a Low-Carbon Transition*, OECD, Paris, https://doi.org/10.1787/24090344 (accessed on 28 June 2023). [21]

OECD (2016), *Green Bonds: Country Experiences, Barriers and Options*, OECD, https://www.oecd.org/environment/cc/Green_Bonds_Country_Experiences_Barriers_and_Options.pdf (accessed on 27 June 2023). [5]

OECD (2016), *Subnational Governments Around the World: Structure and Finance*, OECD, Paris, http://www.uclg-localfinance.org/sites/default/files/uploaded/Observatory_web.pdf (accessed on 28 June 2023). [15]

Refinitiv (2022), *Financing a Sustainable Future: Green and Sustainability Sukuk Report 2022*, Refinitiv, https://www.refinitiv.com/content/dam/marketing/en_us/documents/gated/reports/green-sustainability-sukuk-report-2022.pdf (accessed on 27 June 2023). [19]

UNDP (2022), *Uzbekistan Development Finance Bond: Impact and Allocation Report*, United Nations Development Programme (UNDP), https://www.undp.org/uzbekistan/publications/uzbekistan-development-finance-bond-impact-allocation-report (accessed on 28 June 2023). [11]

UNDP (2022), *Uzbekistan's first SDG Bond Allocation and Impact Report*, United Nations Development Programme (UNDP), https://www.undp.org/uzbekistan/publications/uzbekistans-first-sdg-bond-allocation-and-impact-report (accessed on 28 June 2023). [13]

UNDP (2021), *Pre-Feasibility Study for Green Sukuk Issuance in the Republic of Uzbekistan*, United Nations Development Programme (UNDP), https://www.undp.org/policy-centre/istanbul/publications/pre-feasibility-study-green-sukuk-issuance-republic-uzbekistan (accessed on 27 June 2023). [18]

World Bank (2023), *Green, Social, Sustainability, and Sustainability-Linked (GSSS) Bonds Market Update October 2023*, https://thedocs.worldbank.org/en/doc/3d313e4819de8d6bcb4238f253874b0f-0340012023/original/GSSS-Quarterly-Newsletter-Issue-No-5.pdf. [20]

World Bank (2022), *Sovereign Green, Social and Sustainability Bonds: Unlocking the Potential for Emerging Markets and Developing Economies*, World Bank, https://thedocs.worldbank.org/en/doc/4de3839b85c57eb958dd207fad132f8e-0340012022/original/WB-GSS-Bonds-Survey-Report.pdf (accessed on 27 June 2023). [7]

www.ingramcontent.com/pod-product-compliance
Lightning Source LLC
LaVergne TN
LVHW082047051026
849532LV00011B/3512
* 9 7 8 9 2 6 4 8 8 2 6 9 0 *